모든 언어는 평등하다

지구상의 모든 언어는
인류 공동체 문명 발전의 발자취입니다.
힘이 센 나라의 언어라 해서 더 좋거나 더 중요한 언어가 아닌 것처럼,
많은 사람들이 쓰지 않는 언어라 해서 덜 좋거나 덜 중요한 언어는 아닙니다.

문화 다양성에 따른 언어 다양성은 인류가 서로 견제하고
긍정적인 자극을 주고받으며 소통, 발전할 수 있는 계기가 됩니다.
그러나 안타깝게도 현재 일부 언어가 '국제어'라는 이름 아래
전 세계 사람들에게 강요되고 있습니다.

언어평등의 꿈은 전 세계 모든 언어를 학습할 수 있는 어학 콘텐츠를
개발하는 것입니다. 어떠한 언어에도 우위를 주지 않고, 다양한 언어의 고유
가치를 지켜나가겠습니다. 누구나 배우고 싶은 언어를 자유롭게 선택해서
배울 수 있도록 더욱 정진하겠습니다.

언어평등은 문예림의 아날로그와 디지털을 아우르는
어학 콘텐츠 브랜드입니다.
60년째 언어 생각뿐.

언어평등 시리즈
첫걸음

ARCTIC OCEAN

NORTH PACIFIC
OCEAN

NORTH ATLANTIC
OCEAN

SOUTH PACIFIC
OCEAN

SOUTH ATLAN
OCEAN

언어평등은 누구나 평등하고 자유롭게 전 세계 모든 언어를
학습할 수 있도록 여러분과 함께 할 것입니다.

그리스어는 구어로는 4천 년 이상, 문자로 기록된 것은 3천 5백 년 이상 사용되어 온
인도유럽어족 중 가장 오랜 역사를 가진 언어이다. 고대부터 지중해와 남유럽 전반에 걸쳐
사용되었고, 알렉산더 대왕 시절까지 마케도니아의 제국의 공식 언어였다. 역사가 긴 만큼
현대 영어를 비롯한 많은 유럽어의 어휘에 어원으로 많은 영향을 주었다. 오늘날 그리스어는
유럽연합의 24개 공식 언어 중 하나로 그리스와 키프로스(사이프러스)를 중심으로
약 1천 5백만 명 정도가 사용하고 있으며 그 밖에 알바니아, 아르메니아, 이탈리아, 헝가리,
루마니아, 우크라이나, 터키 등지에서 소수 언어로 사용된다.

Romania

Greece

Albania

Cyprus

ARCTIC OCEAN

NORTH PACIFIC
OCEAN

INDIAN OCEAN

동영상 강의
시청하기

언어평등(www.EQlangs.com)에서 구매하면
해당 도서의 강의를 보실 수 있습니다.
저자가 알려주는 언어 이야기도 보실 수 있습니다.

MP3 다운로드 방법

1단계
언어평등(www.EQlangs.com) 사이트
고객센터 - 자료실 - MP3 들어오기

2단계
제목_____에 찾고자 하는
도서명을 입력 후 검색하세요.

www.EQlangs.com

평등한 언어 세상을 위한 시작

그리스어 첫걸음

평등한 언어 세상을 위한 시작

그리스어 첫걸음

Η αρχή της γλωσσικής ισότητας

Τα πρώτα βήματα για την εκμάθηση της ελληνικής γλώσσας

언어평등

평등한 언어 세상을 위한 시작

그리스어 첫걸음

초판 2쇄 인쇄 2022년 8월 12일
초판 2쇄 발행 2022년 8월 19일

지은이 김혜진
펴낸이 서덕일
펴낸곳 언어평등

기획 서민우 **편집진행 및 교정** 조소영 **온라인 마케팅** 서여진, 이혜영
표지 디자인 박정호(TIDM) **부속 디자인** 이유정 **본문 디자인** 문인주
오디오 녹음 이니스닷컴 **동영상 촬영** 이큐스튜디오 **출력 및 인쇄** 천일문화사 **제본** 대흥제책

출판등록 2018.6.5 (제2018-63호)
주소 경기도 파주시 회동길 366 3층 (10881)
전화 (02) 499-1281~2 **팩스** (02) 499-1283
전자우편 eqlangs@moonyelim.com
홈페이지 www.EQlangs.com

ISBN 979-11-970617-5-2(13790)
값 15,000원

세계 언어와 문화, **문예림**
언어평등 〈모든 언어는 평등하다〉 디지털과 아날로그 아우르는 어학 콘텐츠
오르비타 〈위대한 작은 첫걸음〉 성인 어학 입문, 파닉스(영유아, 어린이 어학교재)
심포지아 〈세상에 대한 담론과 향연〉 나라와 도시 여행, 역사, 문화 등
파쿨라 〈지성을 밝히는 횃불〉 어문학, 언어학 학술도서

그리스어는 인도유럽어(Indo-European Language)에 속하는 언어로 라틴어군에 속하는 언어들(프랑스어, 이탈리아어 등)처럼 라틴 문자가 아닌 그리스어 알파벳을 사용한다. 알파벳이라는 명칭의 어원 또한 그리스어에서 시작했는데, 그리스어 자모의 첫 두 글자인 '알파'와 '베타'를 넣어 알파벳이라는 명칭이 탄생했다. 고대 언어들 중 라틴어의 경우 라틴계열의 수많은 언어들로 분화되었지만, 고대 그리스어는 다른 언어로 분화되지 않고 그리스어로서만 맥을 이어온 언어이다.

그리스어 알파벳은 자음과 모음을 합하여 24자이다. 그중에서 모음의 발음은 '아, 에, 이, 오, 우' 다섯 개이며, 같은 발음(예: 이)으로 읽는 모음이 여러 개(η, ι, υ 등) 있다. 그리스어에는 강세가 있는데, 같은 발음을 가진 단어의 경우 강세의 위치에 따라 의미가 달라지기도 하므로 단어를 익힐 때 강세에 주의해야 한다.

그리스어 알파벳은 의외로 우리 주변에서 쉽게 찾을 수 있다. 성경에 나오는 '알파'와 '오메가', 즉 '처음과 마지막'이라는 뜻은 그리스어 알파벳만 알아도 쉽게 이해할 수 있다. 그리스어 알파벳은 첫 글자 '알파'로 시작해서 '오메가'로 끝난다. 수학에서 사용하는 '시그마', '파이' 등도 그리스어 알파벳에서 왔다. 또한 많은 영어 단어의 어원이 그리스어에서 왔으며 그리스어를 통해 영어 어휘를 풍부하게 하는 데 큰 도움을 받을 수 있다.

그리스어는 고대부터 지중해와 남유럽 전반에 걸쳐 사용되었고 알렉산더 대왕 시절까지 중요한 무역언어로 사용되었다. 현대 그리스어는 유럽연합의 24개 공식 언어 중 하나로 그리스와 키프로스를 중심으로 1,400만~1,500만 명 정도가 사용하고 있다. 이 중에서 300~400만 정도는 해외에 살고 있는 그리스 이민자들을 비롯해 알바니아, 아르메니아, 이탈리아, 헝가리, 루마니아, 우크라이나, 터키 등에서 소수언어(Minority Language)로 사용하고 있다.

동사가 문장 마지막에 나와 끝까지 들어야 화자의 의도를 알 수 있는 한국어와 달리 그리스어는 동사가 가장 먼저 문장에 등장하는 언어로, 동사만 들어도 화자의 의도를 파악할 수 있다. 언어가 다르다는 것은 사고체계와 세계를 인식하는 방법의 차이를 뜻한다. 따라서 물리적으로도, 언어분류로도 서로 먼 언어인 한국어와 그리스어의 사이를 넘나들며 새로운 언어를 배우는 것은 새로운 사고방식으로의 여행이 될 것이다.

김혜진

Q To ελληνικό αλφάβητο και   알파벳과 발음
η προφορά του

문자는 2차적인 기억의 시스템이다

알파벳부터 발음과 강세, 규칙, 연습문제를 통해
문자를 학습하며 개괄적인 언어에 대해 설명합니
다. 낯선 문자에 대해 확실하게 반복 연습하는 것
이 중요합니다.

Q Διάλογοι & Κείμενα   상황 회화 & 지문

경청은 지혜의 특권이다

각 강의 학습 내용에 기본이 되는 대화문, 지문을
상황별로 소개합니다. 초보자의 학습에 도움이 되
도록 12강까지는 한국어 독음을 표기하였습니다.

Q Λεξιλόγιο   어휘

단어의 이미지는 견고하다

각 강에서 등장하는 어휘를 정리하였습니다. 이미
지를 연상하면서 어휘를 기억하도록 합니다.

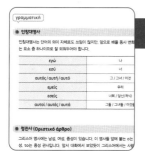

Ο. Γραμματική 문법

언어는 본능이 아니다

핵심 문법을 공부하고, 문법과 관련된 예문을 통해 문법을 철저히 이해하고 문장 활용 능력을 키웁니다.

Ο. Εκφράσεις 응용표현

인류는 소통했기에 생존하였다

각 강에서 학습한 내용을 응용하여 말할 수 있는 다양한 문장을 제시하였습니다. 새로운 어휘와 구문을 통해 문장을 구성하는 응용력을 기릅니다.

Ο. Ασκήσεις 연습문제

말할 권리는 절대 옹호한다

각 강에서 학습한 내용을 정리합니다. 그리스어로 말할 수 있는지 스스로 확인하고 복습하도록 합니다.

차 례

Contents ▶

그리스어 준비학습

 0-1

인쇄체		한국어로 읽기	그리스어 명칭	음가	예시 단어
A	α	알파	άλφα	[ㅏ]	αλφάβητο
B	β	비타	βήτα	[ㅂ(v)]*	βιβλίο
Γ	γ	가마	γάμμα	[ㄱ(g), ㅇ]**	γάλα γεια
Δ	δ	델타	δέλτα	[ㄷ(d)]*	δωμάτιο
E	ε	엡실론	έψηλον	[ㅔ]	ένα
Z	ζ	지타	ζήτα	[ㅈ]	ζάχαρη
H	η	이타	ήτα	[ㅣ]	ημέρα
Θ	θ	티타	θήτα	[ㅌ(th)]*	θάλασσα
I	ι	요타	ιότα	[ㅣ]	ιστορία
K	κ	카파	κάππα	[ㅋ/ㄲ]	καφές
Λ	λ	람다	λάμδα	[ㄹ(l)]	λεμόνι
M	μ	미	μι	[ㅁ]	μέλι
N	ν	니	νι	[ㄴ]	νερό
Ξ	ξ	크시	ξι	[크ㅅ]*	ξέρω
O	ο	오미크론	όμικρον	[ㅗ]	όχι
Π	π	피	πι	[ㅍ/ㅃ]	πατάτα
P	ρ	로	ρο	[ㄹ(r)]	ρολόι
Σ	σ/ς	시그마	σίγμα	[ㅅ/ㅆ]	σοκολάτα
T	τ	타프	ταφ	[ㅌ/ㄸ]	τηλέφωνο
Y	υ	입실론	ύψηλον	[ㅣ]	ύπνος
Φ	φ	피	φι	[ㅍ(f)]*	φωτογραφία
X	χ	히	χι	[ㅎ]	χώρα
Ψ	ψ	프시	ψι	[프ㅅ]*	ψωμί
Ω	ω	오메가	ωμέγα	[ㅗ]	ώρα

*색으로 강조 표시한 것들은 한국인들이 가장 어려워하고 많이 틀리는 발음입니다. 영어와 같이 th 발음이나 v, f 발음에 유의하고, 한국어와 달리 하나의 자음에 두 개의 자음이 발음되는 것들의 읽기 연습이 많이 필요합니다.

**Γ, γ(감마)의 대표음은 한국어로 보면 'ㄱ'이지만, 정확히는 영어의 'g'에 파찰음의 성격을 더한 소리입니다. (편의상 'ㄱ'으로 표기), 보통 γ뒤에 [에] 나[이] 발음이 따라오면 ㄱ과 ㅇ 사이에서 ㅇ에 가까운 소리가 납니다.
예 γεια [야], Γιώργος [요르고스]

특히 γ와 [에]가 만나면 '에/게'가 안라 '예/계'에 가까운 소리가 되는 것도 주의 하도록 합니다.
예 γγεμιστά[에/게미스타]

10

그리스어 모음

⟨기본모음⟩

알파벳	음가
A, α	[아]
E, ε	[에]
H, η	[이]
I, ι	[이]
O, o	[오]
Y, υ	[이]
Ω, ω	[오]

⟨이중모음⟩

알파벳	음가	예시 단어
AI, αι	[에]	ναι
EI, ει	[이]	είμαι
OI, οι	[이]	οικονομία
YI, υι	[이]	υιοθεσία
OY, ου	[우]	μουσική

그리스어 알파벳 철자에서 모음은 총 7개입니다. 여기서 두 개의 모음이 하나의 모음으로 발음되는 이중모음 5개까지 합하면 총 12개가 됩니다. 그리스어의 모음은 '아, 에, 이, 오, 우' 발음만 존재하므로 단독모음이든 이중모음이든 같은 음가를 가지는 것이 많습니다. 즉, 철자는 다르더라도 발음이 같은 경우가 많습니다. 따라서 단어를 외울 때 철자를 눈여겨보아야 쓸 때 실수를 줄일 수 있습니다.

⟨기본모음⟩

A, α	한국어 '아버지'의 [아]처럼 발음한다.
E, ε	한국어 '에누리'의 [에]처럼 발음한다.
H, η / I, ι / Y υ	한국어 '이사'의 [이]처럼 발음한다.
O, o / Ω, ω	한국어 '오리'의 [오]처럼 발음한다.

⟨이중모음⟩

AI, αι	한국어 '에누리'의 [에]처럼 발음한다. 단, 강세가 α에 있으면 [아이]로 모음을 하나씩 나누어 읽는다. τσάι [차이], Μάιος [마이오스]
EI, ει / OI, οι / YI, υι	한국어 '이사'의 [이]처럼 발음한다.
OY, ου	한국어 '우리'의 [우]처럼 발음한다.

그리스어 자음

그리스어 알파벳의 기본자음은 총 17개입니다. 여기서 두 개의 자음이 하나의 자음으로 발음되는 이중자음 6개까지 합하면 총 23개가 됩니다. 이중자음의 발음이 처음에는 어렵게 느껴질 수 있지만 많은 단어를 읽어보는 연습을 통해 익숙해지도록 합니다.

〈기본자음〉

✏ TIP

⬜ 영어 발음과 비슷

▨ 그리스어 발음의 특성

⬛ 한국어로 하나의 소리로만 표기하기 어렵고, 듣기에 따라 다른 소리

알파벳	음가	발음 방법	예시 단어
β	[ㅂ]	편의상 한국어 표기는 [ㅂ]이지만, 영어의 v 발음에 해당한다는 점을 주의한다.	βιβλίο [vivlio] [비블리***오]
γ	[ㄱ,ㅇ]	대부분은 [ㄱ]발음이지만, 모음이 두 개 이상 뒤따르면 [ㅇ]처럼 발음한다.	γάλα [gala] [갈라] γεια [ya] [야/이야]
δ	[ㄷ]	정확히는 발음기호 [ð]이며, 영어 this의 th 발음에 해당한다.	δωμάτιο [domatio] [도마티오]
ζ	[ㅈ]	영어의 z 발음에 해당한다.	ζάχαρη [zahari] [자하리]
θ	[ㅌ]*	영어의 th[θ] 발음이다. 그리스어 문자 그대로가 발음기호라고 생각하면 쉽다.	θάλασσα [thalassa] [탈라사]
κ	[ㄲ/ㅋ]	외래어 표기법으로는 [ㅋ]를 사용하지만, 실제 발음은 경음(된소리)으로 들릴 때가 많다.	καφές [kafes] [까페스]
λ	[ㄹ]	'리어카'의 [ㄹ]과 같은 발음이다.	λεμόνι [lemoni] [레모니]
μ	[ㅁ]	'마음'의 [ㅁ]과 같은 발음이다.	μέλι [meli] [멜리]
ν	[ㄴ]	'나라'의 [ㄴ]과 같은 발음이다.	νερό [nero] [네로]
ξ	[크스]	한 글자에 자음이 두 개인 것처럼 발음된다.**	ξέρω [ksero] [크세로]
π	[ㅍ/ㅃ]	외래어 표기법으로는 [ㅍ]를 사용하지만, 실제 발음은 경음(된소리)으로 들릴 때가 많다.	πατάτα [patata] [빠따따]
ρ	[ㄹ]	영어의 r 발음에 해당한다.	ρολόι [roloi] [롤로이]
σ	[ㅅ/ㅆ]	외래어 표기법으로는 [ㅅ]를 사용하지만, 실제 발음은 경음(된소리)으로 들릴 때가 많다.	σοκολάτα [sokolata] [소콜라타]
τ	[ㅌ/ㄸ]	외래어 표기법으로는 [ㅌ]를 사용하지만, 실제 발음은 경음(된소리)으로 들릴 때가 많다.	τηλέφωνο [tilefono] [띨레포노]
φ	[ㅍ]	영어의 f 발음에 해당한다.	φωτογραφία [fotografia] [포토그라피아]

*한국어와 완전히 대응되는 소리가 없고, 한국어 표기 시 가장 어색한 소리입니다.

**한국어에 없는 소리의 개념으로 어색할 수 있으니 여러 모음에 붙여 익숙하게 읽는 연습이 필요합니다.

***발음기호에서 굵은 글씨는 강세가 들어가는 부분입니다. 그리스어에서는 강세의 위치가 매우 중요하므로 강세에 주의하여 읽는 연습을 해야 합니다.

			χώρα [hora] [호라]
χ	[ㅎ]	한국어의 [ㅎ]에 가깝고 [ㅋ]로 들리기도 한다.	
ψ	[프스]	한 글자에 자음이 두 개(ㅍ 와 ㅅ) 발음된다.	ψωμί [psomi] [프소미]

〈이중자음〉

알파벳	음가	발음 방법	예시 단어
ΜΠ, μπ	[ㅂ]	[b]	μπανάνα [바나나]
		[mb]	ομπρέλα [옴브렐라]
ΝΤ, ντ	[ㄷ]으로 표기하지만 영어의 [d]처럼 성대가 울리는 유성음이다.	[d]	ντομάτα [도마타]
		[nd]	άντρας [안드라스]
ΤΣ, τσ	[ㅊ]	[ts]	τσάι [차이]
ΤΖ, τζ	[ㅈ]	[z, j]	τζιν [진]
ΓΚ, γκ	[ㄱ]으로 표기하지만 영어의 [g]처럼 성대가 울리는 유성음이다. (한국어의 자음은 모두 무성음)	[g]	γκολ [골]
ΓΓ, γγ	[ㅇ(받침)]	[ng]	αγγλικά [앙글리카]

그리스어 발음규칙

1 αυ와 ευ의 발음

αυ와 ευ는 음운조건에 따라 다르게 발음합니다.

1 [av]와 [ev]로 발음: 모음 앞 / β, γ, δ, ζ, λ, ρ, μ, ν 앞

> 예 **παύω** [파보], **αύριο** [아브리오], **Αύγουστος** [아브구스토스],
> **Εύα** [에바], **ευλογώ** [에블로고]

2 [af]와 [ef]로 발음: κ, π, τ, χ, φ, θ, σ, ξ, ψ 앞

> 예 **αυτή** [아프티], **αυτοκίνητο** [아프토끼니또],
> **ευχαριστώ** [에프하리스또], **ευτυχία** [에프티히아]

2 비음 μπ, ντ, γκ, γγ

1 μπ와 ντ의 경우 π와 τ는 본래의 음가인 [ㅍ/ㅃ]와 [ㅌ/ㄸ]가 아닌 [ㅂ]와 [ㄷ]로 발음합니다.

> 예 **αμπέλι** [암벨리], **πάντα** [빤다], **πέντε** [뻰데]

2 단어의 중간에 γκ나 γγ가 오면 한국어의 [ㅇ받침 + ㄱ], 영어의 [ng]처럼 발음합니다.

> 예 **αγκαλιά** [앙갈랴], **άγγελος** [앙겔로스], **φεγγάρι** [펭가리]

다만, γκ의 경우 단어의 맨 앞에 오면 영어의 [g]처럼 발음합니다.

> 예 **γκαρσονιέρα** [가르소니에라], **γκάζι** [가지]

3 σ(시그마)의 발음

시그마 뒤로 유성자음(β, γ, δ, ζ, λ, ρ, μ, ν)이 올 때 [즈]로 발음하는 것이 규칙입니다. 단, 예외의 경우가 있으니 주의해야 합니다.

> 예 **σβήνω** [즈비노], **Σμύρνη** [즈미르니], **ασβέστης** [아즈베스티스]
> 예외 **Ισλανδία** [이슬란디아], **Σλάβος** [슬라보스]

4 묵음: 발음되지 않는 경우

1 υ(입실론)은 ευ조합에서 β(비타)나 φ(피)가 뒤따르는 경우 발음하지 않습니다.

　예 **Εύβοια** [에비아], **ευφορία** [에포리아]

2 같은 철자가 두 번 반복되는 이중자음의 경우 하나의 자음처럼 발음합니다.

　예 **άλλος** [알로스], **Άννα** [아나]

강세

*한국어와 그리스어의 1음절의 구성이 다르다는 것을 유의해야 합니다. 기본적으로 1음절의 구성은 자음과 모음의 짝입니다. 즉, 한번에 소리를 낼 수 있는 최소 단위입니다. 하지만 언어별로 음절의 인식은 다릅니다. 예를 들어 'σκι'의 경우, 한국어로 '스키'는 2음절(스/키)이지만 그리스어에서는 모음이 하나이므로 1음절입니다. 한국어는 음절언어라서 음절의 구분이 쉽지만, 그리스어는 모음의 유무로 음절을 셉니다.

2음절 이상인 단어에는 강세가 들어갑니다. (단, 대문자로만 쓸 때는 강세를 찍지 않습니다.) 그리스어에서 강세는 매우 중요하므로, 각 단어의 강세 위치를 반드시 익혀두어야 합니다. 같은 철자로 단어를 쓰고 읽더라도 강세의 위치가 다르면 완전히 다른 의미가 되거나 알아듣지 못할 수도 있기 때문입니다.

1 강세를 쓰지 않는 1음절* 단어: ναι, και, γεια σου, σκι

2 강세를 쓰지 않는 경우(대문자로만 표기): ΝΕΡΟ, ΤΑΞΙ, ΠΙΤΣΑ (νερό, ταξί, πίτσα)

3 ι(요타)에 점이 두 개인 강세(ï)가 있으면 이중모음 기본규칙을 적용하지 않고 모음 각각의 발음을 그대로 읽습니다.

　예 **Μαΐου** [마이우], **Αϊνστάιν** [아인스타인], **λαϊκή** [라이끼]

단어 쓸 때 주의할 점

1 고유명사의 경우 맨 앞 글자를 대문자로 쓰고, 다른 단어들은 소문자로 씁니다.

　예 **Ελλάδα** [엘라다] 그리스, **χώρα** [호라] 나라

2 단어를 쓸 때 시그마(σ, ς)가 가장 마지막에 올 경우 ς로 씁니다. 나머지 경우는 σ를 사용합니다.

　예 **Κώστας** [코스타스], **ασβέστης** [아즈베스티스]

3 문장부호: 대부분 한눈에 이해가 가능하지만 특별히 다른 점은 의문문을 쓸 때 물음표가 아닌 ;(세미콜론)을 사용한다는 것입니다.

마침표	.	쉼표	,	물음표	;	느낌표	!	말줄임표	…	인용	« »

1 다음 단어는 그리스인들의 이름입니다. 이름을 소리 내어 읽으면서 알파벳 발음을 연습해 보세요. (앞에 나온 알파벳 발음표를 참고하세요.)

〈모음〉

A, α	Άννα [아나]*
E, ε / AI, αι	Ελένη [엘레니], Καίτη [케티]
I, ι / H, η / Y, υ / OI, οι / EI, ει	Ιωάννα [요아나], Ηλίας [일리아스], Κυριάκος [끼리아코스], Φοίβος [피보스], Ειρήνη [이리니]
O, ο / Ω, ω	Όλγα [올가], Κώστας [코스타스]
OY, ου	Τασούλα [따술라]

*그리스어에서는 같은 자음이 두 번 반복되어도 하나로 발음합니다.

〈자음〉

Π, π	Πέτρος [페트로스]
B, β	Βάσω [바소]
Φ, φ	Φανή [파니]
ΜΠ, μπ	Λάμπρος [람브로스]
K, κ	Κατερίνα [카테리나]
Γ, γ	Αγάπη [아가삐], Γιώργος [요르고스], Αγγελική [앙겔리끼]
X, χ	Χρίστος [흐리스토스]
T, τ	Τασία [타시아]
Δ, δ	Δήμητρα [디미트라]
Θ, θ	Θωμάς [토마스]
ΝΤ, ντ	Αντρέας [안드레아스]
M, μ	Μαρίνα [마리나]
N, ν	Νίκος [니코스]
Λ, λ	Λυδία [리디아]
P, ρ	Ρένα [레나]
Σ(σ, ς)	Σάκης [사키스], Ισμήνη [이즈미니]
Z, ζ	Ζωή [조이]
Ξ, ξ	Αλέξης [알렉시스]
Ψ, ψ	Καλυψώ [칼립소]
ΤΣ, τς	Μήτσος [미초스]
ΤΖ, τζ	Τζένη [제니]

✎ TIP

Γ, γ(감마)와 Σ, σ(시그마)의 발음이 상황에 따라 달라지는 점을 유의합니다.

2 다음 단어들을 읽고 소리나는 대로 써 보세요.

> ναι, όχι, γεια σου, νερό, ΕΛΛΑΔΑ, εσύ, ΤΑΞΙ, τρένο, ΠΙΤΣΑ, σπίτι, σινεμά, μουσική, ΜΟΥΣΕΙΟ, βιβλίο, ΚΑΛΗΜΕΡΑ, Καληνύχτα, και, παρακαλώ, ξενοδοχείο

> 정답 네, 오히, 야수, 네로, 엘라다, 에씨, 딱시, 뜨레노, 핏자, 스삐띠, 시네마, 무시키, 무시오, 비블리오, 깔리메라, 깔리니흐따, 께, 빠라깔로, 크세노도히오

✎ TIP

표기된 한국어 발음은 참고만 하기 바랍니다. 교재에서 소개한 알파벳 발음표를 보면서 하나하나 읽어보는 연습을 많이 하도록 합니다.

3 다음 단어는 그리스의 지명입니다. 소문자를 대문자로 바꾸어 써 보세요.

1 아테네 Αθήνα → ....

2 테살로니키 Θεσσαλονίκη → ....

3 크레타 Κρήτη → ....

4 미코노스 Μύκονος → ....

5 산토리니 Σαντορίνη → ....

> 정답 1 ΑΘΗΝΑ 2 ΘΕΣΣΑΛΟΝΙΚΗ 3 ΚΡΗΤΗ
> 4 ΜΥΚΟΝΟΣ 5 ΣΑΝΤΟΡΙΝΗ

4 다음 단어에서 [이] 발음이 나는 모음을 찾아 표시해 보세요.

> 1 τηλέφωνο 2 καλημέρα 3 αστυνομία
> 4 πυραμίδα 5 βιβλίο 6 ταξί
> 7 σπίτι

> 정답 1 τηλέφωνο 2 καλημέρα 3 αστυνομία
> 4 πυραμίδα 5 βιβλίο 6 ταξί
> 7 σπίτι

5 다음 문장에서 [에/애] 발음이 나는 모음을 찾아 밑줄을 그어 보세요.

---

1 Τα παιδιά παίζουν στην παιδική χαρά.
아이들이 놀이터에서 논다.

2 Σήμερα έχουμε καλό καιρό.
오늘 날씨가 좋습니다.

3 Πηγαίνω περίπατο με την Καίτη.
나는 케티와 함께 산책하러 간다.

4 Το καλοκαίρι πηγαίνουμε διακοπές.
우리는 여름에 휴가를 갑니다.

5 Η Αιμιλία και η Καίτη ανεβαίνουν στο βουνό.
에밀리아와 케티는 산에 올라갑니다.

정답 1 Τα παιδιά παίζουν στην παιδική χαρά.
[따 뻬디아 뻬준 스띤 뻬디끼 하라]

2 Σήμερα έχουμε καλό καιρό.
[씨메라 에후메 깔로 께로]

3 Πηγαίνω περίπατο με την Καίτη.
[삐게노 뻬리빠또 메 띤 께티]

4 Το καλοκαίρι πηγαίνουμε διακοπές.
[또 깔로께리 삐게누메 디아꼬뻬스]

5 Η Αιμιλία και η Καίτη ανεβαίνουν στο βουνό.
[이 에밀리아 께 이 께티 아네베눈 스또 부노]

⊘ 그리스어 알파벳은 쓰기가 익숙해질 때까지 여러 번 입으로 소리 내어 읽고 쓰는 훈련이 필요합니다. 한국어로 그리스어 발음을 표기한 것은 참고를 위한 것입니다. 그리스어 알파 벳을 보고 정확한 발음으로 읽는 연습을 해야 발음을 제대로 익힐 수 있습니다.

⊘ **숲을 보고 나무 알기 (현대 그리스어의 동사 전체 구조)**

난이도의 차이와 분량에 의해 이 책에는 전부 담지 못하지만, 현대 그리스어의 동사를 전 체적으로 알아두면 이해하는 데에 도움이 됩니다.

현대 그리스어는 크게 능동/중간태(수동, 재귀동사 포함)으로 구분됩니다. 여기서 능동동 사군은 동사의 1인칭 단수형(기본형) 맨 마지막 오메가의 강세 유무에 따라 A 동사와 B 동사로 구분합니다. Γ 동사는 -όμαι, -άμαι, -ιέμαι, -ούμαι 등으로 끝나는 동사입니 다. A, B, Γ 동사군은 세부적으로 A / B1, B2 / Γ1, Γ2, Γ3, Γ4 등으로 나누기도 합니다. 여러분이 알아둘 것은 그리스어 동사는 어미의 형태에 따라 구분되며, 시제 변화 시 어미 변화 등 형태의 차이가 있다는 것입니다.

A 동사군		B 동사군		Γ 동사군	
A	διαβάζω	B1 B2	αγαπάω/αγαπώ θεωρώ	Γ1 Γ2 Γ3 Γ4	έρχομαι θυμάμαι βαριέμαι αρνούμαι

인사 안녕하세요!

Γεια σας!

διάλογος

🎧 1-1

아침

Γιώργος: **Καλημέρα, Μαρία.**
깔리메라, 마리아.

Μαρία: **Γεια σου, Γιώργο. Τι κάνεις;**
야수, 요르고. 띠 까니스?

Γιώργος: **Πολύ καλά. Εσύ;**
뽈리 깔라. 에시?

Μαρία: **Μια χαρά!**
먀 하라!

요르고스: 안녕, 마리아.

마리아: 안녕, 요르고. 어떻게 지내(오늘 기분이 어때)?

요르고스: 아주 좋아. 너는?

마리아: 아주 좋아!

저녁

Ζωή: **Γεια σας.**
야사스.

Κυρία Παπαδοπούλου: **Καλησπέρα, Ζωή. Πώς είσαι;**
깔리스페라, 조이. 뽀스 이세?

Ζωή: **Καλά, κυρία Παπαδοπούλου. Εσείς τι κάνετε;**
깔라, 끼리아 파파도뿔루. 에시스 띠 까네떼?

Κυρία Παπαδοπούλου: **Πολύ καλά, ευχαριστώ.**
뽈리 깔라, 에프하리스또.

조이: 안녕하세요.

파파도뿔루 부인: 안녕, 조이야. 어떻게 지내니?

조이: 좋아요, 파파도뿔루 아주머니. 어떻게 지내세요?

파파도뿔루 부인: 아주 잘 지내, 고마워.

λεξιλόγιο

Καλημέρα! 안녕(하세요)! (아침 인사) (영어의 Good Morning에 해당하는 표현)

Γεια σου. 안녕. (친근한 사이에 하는 인사)

Τι κάνεις; 어떻게 지내? (영어의 How are you?에 해당하는 표현)

εσύ; 너는?

Γεια σας. 안녕하세요. (여러 명에게 인사하거나, 친하지 않은 사람에게 인사할 때)

Καλησπέρα! 안녕(하세요)! (저녁 인사)

Πώς είσαι; 어떻게 지내? / (기분이) 어때?

εσείς; 당신(들)은요?

Πολύ καλά. 아주 좋아(요).

✏️ TIP
그 밖에 안부인사에 대답할 때 쓰는 표현

Μια χαρά! 아주 좋아(요)!

Καλά. 좋아(요).

Όχι πολύ καλά. 그렇게 좋지는 않아(요).

Δεν είμαι πολύ καλά. 몸이 좋지 않아요. (아플 때 등)

Έτσι κι έτσι. 그저 그래(요).

Χάλια! 안 좋아(요)!

γραμματική

● 인칭대명사

인칭대명사는 단어의 의미 자체로도 쓰임이 많지만, 앞으로 배울 동사 변화의 주축이 되는 요소 중 하나이므로 잘 외워두어야 합니다.

εγώ	나
εσύ	너
αυτός / αυτή / αυτό	그 / 그녀 / 이것
εμείς	우리
εσείς	너희 / 당신(격식)
αυτοί / αυτές / αυτά	그들 / 그녀들 / 이것들

● 정관사 (Οριστικό άρθρο)

그리스어 명사에는 남성, 여성, 중성이 있습니다. 이 명사들 앞에 붙는 o는 남성, η는 여성, το는 중성 관사입니다. 앞서 대화에서 보았듯이 그리스어에서는 사람 이름(고유명사) 앞에 정관사를 붙입니다. 특히 주격과 목적격을 잘 익혀두어야 합니다.

구분	단수			복수		
	남성	여성	중성	남성	여성	중성
주격(~은/는)	o	η	το	οι	οι	τα
소유격(~의)	του	της	του	των	των	των
목적격(~을/를)	το(ν)	τη(ν)	το	τους	τις	τα

Plus 💡 정관사의 쓰임

한국인 그리스어 학습자가 어려워 하는 부분 중 하나는 정관사를 언제 사용하는지, 언제 사용하지 않는지에 대한 것입니다. 다음의 예를 통해 정관사의 쓰임을 알아보겠습니다.

1) 특정한 것, 이미 알고 있는 것의 앞

Είδα **τον** καθηγητή μου.   나는 우리 교수님을 봤다.

→ 화자(나)가 교수님을 알고 있고, 청자도 그 교수님을 알고 있는 경우

Η Μαρία πήγε σινεμά με **τον** Γιώργο.   마리아는 요르고와 영화를 보러 갔다.

→ 화자와 청자 모두 마리아와 요르고를 알고 있는 경우

2) 고유명사나 유일한 것의 앞

Η Σεούλ είναι στην Κορέα.   서울은 한국에 있다.

3) 시간 지정

Τον είδα **τη** Δευτέρα.   월요일에 그 사람을 봤다.

→ 특정 요일

Μπήκα στην εταιρεία **το** 2016.   2016년에 회사에 들어갔다.

→ 특정 연도

4) 인물이나 명사를 지정 (이 사람, 저 사람, 모든 사람 등)

αυτός / εκείνος / όλος + 정관사 + 명사

Αυτός **ο** άνδρας είναι τραγουδιστής.   이 남자는 가수이다.

Έφαγα όλο **το** φαγητό.   나는 음식을 모두 먹었다.

5) 최상급

최상급은 최고의 특정한 것을 나타내므로 정관사를 씁니다.

Η Κρήτη είναι **το** πιο μεγάλο νησί της Ελλάδας.

크레타는 그리스에서 가장 큰 섬이다.

εκφράσεις   🎧 1-2

● **안녕하세요! (Καλημέρα!)**

Καλή는 '좋은'이라는 뜻의 여성형 형용사이며, Μέρα는 '날'이라는 뜻의 여성명사입니다. 이 두 단어를 합성하여 아침부터 오후시간까지 이 인사를 사용합니다.

Καλησπέρα! [깔리스페라]	오후부터 저녁시간까지 인사 [만났을 때]
Καλό βράδυ! [깔로 브라디]	저녁 인사 [헤어질 때]
Καληνύχτα! [깔리 닉타/니흐타]	잠들기 전 인사
Καλό σαββατοκύριακο! [깔로 사바토끼리아꼬]	주말 잘 보내세요!
Γεια σας! / Γεια σου! / Γεια! [야사스 / 야수 / 야]	안녕(하세요)! 또는 헤어질 때 인사

위에서부터 차례로 가장 격식 있는 표현에서 친근한 사이에 쓰는 표현의 정도 차이를 나타냅니다. Γεια χαρά!는 Γεια σου! 또는 Γεια!와 대체 가능한 친근한 사이에서 쓰는 인사 표현입니다.

Χαίρω πολύ. [헤로 뽈리]	만나서 반가워요.
Χαίρετε. [헤레떼]	안녕하세요. / 안녕히 계세요(가세요).

> **Plus 💡 그리스어에도 존댓말이 있나요?**
>
> 그리스어는 한국어와 달리 나이를 기준으로 존댓말과 반말을 엄격하게 구분하지 않습니다. 일반적으로 보면 2인칭 단수는 반말, 2인칭 복수는 존댓말에 해당합니다. 그러나 2인칭 단수가 한국어의 반말과 완벽하게 대응하는 것은 아닙니다. 비슷한 연령대끼리 사용하지만 **나이 차이가 많이 나더라도 친한 관계에서는 2인칭 단수를 사용합니다.** 나이가 많다고 하여 한국처럼 존댓말을 쓴다고 2인칭 복수를 사용한다면 상대방이 아직 나와 친해지지 않았다고 오해할 수 있습니다. 처음 만나는 경우나 공식적인 자리에서는 주로 2인칭 복수를 사용하여 상대방에게 예의를 갖추어 말을 합니다. 또한 여러 명에게 이야기할 때는 반말이더라도 2인칭 복수를 사용합니다.
>
> 📍 *Εσείς από πού είστε;*   너희들은 어디서 왔니?

διάλογοι

🎧 1-3

Διάλογος ❶

Πέτρος: **Καλημέρα σας, κυρία Γεωργίου.**
깔리메라 사스, 끼리아 예오르기우.

Κυρία Γεωργίου: **Γεια σου, Πέτρο. Τι κάνεις;**
야수, 페트로. 띠 까니스?

Πέτρος: **Καλά, ευχαριστώ. Εσείς;**
깔라, 에프하리스또. 에시스?

Κυρία Γεωργίου: **Κι εγώ καλά, ευχαριστώ.**
끼 에고 깔라, 에프하리스또.

> 페트로스: 안녕하세요, 예오르기우 부인.
> 예오르기우 부인: 안녕, 페트로스. 어떻게 지내니?
> 페트로스: 잘 지내요, 감사합니다. 당신은요(어떻게 지내세요)?
> 예오르기우 부인: 나도 잘 지내, 고마워.

ευχαριστώ
감사합니다, 고마워

Διάλογος ❷

Ελένη: **Γεια σου, Γιάννη.**
야수, 야니.

Γιάννης: **Γεια σου, Ελένη. Πώς είσαι;**
야수, 엘레니. 뽀스 이세?

Ελένη: **Δεν είμαι πολύ καλά.**
덴 이메 뽈리 깔라.

Γιάννης: **Γιατί; Είσαι άρρωστη;**
야띠? 이세 아로스띠?

Ελένη: **Ναι. Είμαι άρρωστη από χτες.**
네. 이메 아로스띠 아뽀 흐떼스.

> 엘레니: 안녕, 야니.
> 야니스: 안녕, 엘레니. 오늘 기분이 어때?
> 엘레니: 그렇게 좋지는 않아.
> 야니스: 왜? 어디 아파?
> 엘레니: 응. 어제부터 아파.

γιατί; 왜?

άρρωστος/η/ο
아프다
→ 형용사 또한 남성/여성/중성의
형태가 있습니다.

από χτες 어제부터

Διάλογος ③

Μαρία: **Καλησπέρα, Μίνσου.**
깔리스페라, 민수.

Μίνσου: **Καλησπέρα, Μαρία. Πώς είσαι;**
깔리스페라, 마리아. 뽀스 이쎄?

Μαρία: **Έτσι κι έτσι. Εσύ;**
에찌 끼 에찌. 에시?

Κι εγώ
나도/나 역시 그래(κι = και)

Μίνσου: **Κι εγώ.**
끼 에고.

마리아:	안녕, 민수야.
민수:	안녕, 마리아. 기분이 어때?
마리아:	그저 그래. 너는?
민수:	나도 그래.

α**σκήσεις**

1 다음 빈칸에 들어갈 알맞은 단어를 쓰세요.

1 Καλη_____!   낮 인사

2 Καλό_____!   저녁 인사(헤어질 때)

3 Καλη_____!   잠들기 전 인사

4 _____ δουλειά κάνεις;   너는 무슨 일을 하니?

5 _____.   고마워.

2 다음 빈칸에 밑줄 친 뜻에 해당하는 인칭대명사를 사용하여 문장을 완성하세요.

1 _____ μένω στη Σεούλ.

나는 서울에 산다.

2 Καλά είμαι. _____ ;

나는 잘 지내. 너는?

3 _____ είναι γιατροί από την Ελλάδα.

그들은 그리스에서 온 의사이다.

4 _____ είναι από την Αγγλία.

그녀는 영국에서 왔다.

5 _____ από πού είστε;

당신은 어디에서 왔나요? (**주의** 격식에 복수를 사용)

3 다음 명사구 앞에 들어갈 알맞은 정관사를 쓰세요.

1 (그) 여자 .... γυναίκα (여성명사)

2 (그) 테이블 .... τραπέζι (중성명사)

3 (그) 학생 .... μαθητής (남성명사)

4 (그) 여학생 .... μαθήτρια (여성명사)

5 (그) 그리스인 .... Έλληνας (남성명사)

4 'Γεια σου' 또는 'Γεια σας'가 되도록 빈칸을 채우세요.

1 Γεια .... , Μαρία.

2 Γεια .... , παιδιά.

3 Γεια .... , Πάυλο.

4 Γεια .... , κύριε Ιωάννου.

5 Γεια .... , κυρία Κατερίνα.

자기소개   이름이 뭐예요?

Πώς σε λένε;

διάλογος

🎧 2-1

Γιώργος: Γεια σου, είμαι ο Γιώργος.
야수, 이메 오 요르고스.

Σόρα: Χαίρω πολύ, Γιώργο.
헤로 뽈리, 요르고.

Γιώργος: Πώς σε λένε;
뽀 셀 레네?

Σόρα: Εγώ είμαι η Σόρα.
에고 이메 이 소라.

Γιώργος: Από πού είσαι, Σόρα;
아뽀 뿌 이세, 소라?

Σόρα: Είμαι από την Κορέα, εσύ;
이메 아뽀 띤 꼬레아, 에시?

Γιώργος: Είμαι Έλληνας. Από' δώ ο Χουάν. Ο Χουάν είναι από
την Ισπανία.
이메 엘리나스. 아뽀도 오 후안. 오 후안 이네 아뽀 띤 이스빠니아.

Σόρα: Χάρηκα.
하리까.

Χουάν: Κι εγώ. Τι δουλειά κάνεις, Σόρα;
끼 에고. 띠 둘랴 까니스, 소라?

Σόρα: Είμαι δασκάλα. Εσύ;
이메 다스깔라. 에시?

Χουάν: Είμαι χορευτής.
이메 호렙띠스.

λεξιλόγιο

πολύ 매우

πώς 어떻게

πού 어디

από ~로부터

(η) Κορέα 한국

(η) Ελλάδα 그리스

(ο) Έλληνας 그리스인 (남)
(η) Ελληνίδα 그리스인 (여)

από' δώ = από εδώ
이쪽은, 이쪽으로

(η) Ισπανία 스페인

(η) δουλειά 일

(ο) δάσκαλος 선생님 (남)
(η) δασκάλα 선생님 (여)

(ο) χορευτής 댄서 (남)
(η) χορεύτρια 댄서 (여)

요르고스: 안녕, 나는 요르고스야.

소라: 안녕, 요르고.

요르고스: 이름이 뭐야?

소라: 나는 소라라고 해.

요르고스: 너는 어디서 왔니, 소라야?

소라: 나는 한국에서 왔어, 너는?

요르고스:	나는 그리스 사람이야. 이쪽은 후안이야. 후안은 스페인에서 왔어.
소라:	반가워.
후안:	나도. 너는 무슨 일을 하니, 소라야?
소라:	나는 교사야. 너는?
후안:	나는 댄서야.

εκφράσεις

Πώς σε λένε; (당신의) 이름이 뭐예요?

Είμαι + 이름(주격). = **Με λενε** + 이름(목적격). 제 이름은 ~입니다.

Plus 1 💡

이름을 물어보는 표현에서 정관사의 목적격을 사용하는 것에 유의해서 살펴보겠습니다. 문장 그대로 직역하면 '사람들이 ~을 뭐라고 부르니?'라는 뜻이기 때문에 목적격을 사용합니다.

목적격 정관사	남성	여성	중성
	τον	τη(ν)	το

목적격 인칭대명사	너를	나를
	σε	με

Πώς σε λένε;	너는 이름이 뭐니? (사람들이 너를 뭐라고 부르니?)
Με λένε Δημήτρη.	내 이름은 디미트리야. (사람들이 나를 디미트리라고 불러.)
Πώς τον λένε;	이/그 남자의 이름은 뭐니?
Τον λένε Πέτρο.	이/그 사람의 이름은 페트로야.
Πώς τη λένε;	이/그 여자의 이름은 뭐니?
Τη λένε Ζωή.	이/그 여자의 이름은 조이야.

Από πού είσαι;	어느 나라에서 왔어요?
Είμαι από 목적격 정관사 + 국가명.	나는 _____ 에서 왔어요.
(η) Κορέα	한국
(η) Ελλάδα	그리스
(η) Ισπανία	스페인

Χάρηκα.	만나서 반가워.
Κι εγώ.	나도 그래. (영어의 Me too에 해당하는 표현)

🖊 TIP
그리스어에서 국가명은 주로 여성형이 많으므로 여기서는 'Είμαι από την 국가명' 위주로 익히고, 성이 다른 국가명은 따로 외워두면 됩니다.

29

Τι δουλειά κάνεις;   직업이 무엇입니까?

Τι δουλειά κάνετε;   무슨 일을 하세요? / 여러분은 무슨 일을 하세요?

Είμαι + 명사.   저는 _____ 입니다.

  (ο) δάσκαλος / (η) δασκάλα   선생님 (남/여)

  (ο) χορευτής / (η) χορεύτρια   댄서 (남/여)

  (ο) Έλληνας / (η) Ελληνίδα   그리스 사람 (남/여)

Plus 2 💡

다양한 국가명과 직업명을 Είμαι 동사와 함께 연습해 봅시다.

1) 국가명

국가명은 대부분 여성명사지만 예외로 남성, 중성인 국가명도 있습니다. 남성, 중성으로 된 국가명은 몇 개 되지 않으니 따로 외워두면 좋습니다.

〈여성〉

		(η) Νότια Κορέα [노티아 코레아]	남한
(η) Κορέα [꼬레아]	한국	(η) Βόρεια Κορέα [보리아 코레아]	북한
(η) Ελλάδα [엘라다]	그리스	(η) Ισπανία [이스파니아]	스페인
(η) Ιταλία [이탈리아]	이탈리아	(η) Ιαπωνία [이아뽀니아]	일본
(η) Κίνα [끼나]	중국	(η) Αμερική [아메리끼]	미국
(η) Αγγλία [앙글리아]	영국	(η) Γαλλία [갈리아]	프랑스
(η) Ρωσία [로시아]	러시아	(η) Αυστραλία [압스트랄리아]	오스트레일리아

〈남성〉

(ο) Καναδάς [카나다스]	캐나다	(ο) Λίβανος [리바노스]	레바논

〈중성〉

(το) Μεξικό [멕시코]	멕시코	(το) Μαρόκο [마로코]	모로코
(το) Ιράν [이란]	이란		

2) 직업명

그리스어의 직업명은 관사만 달리하고 남성과 여성이 동일한 형태를 쓰는 것도 있고 남성, 여성이 따로 분리된 것도 있습니다.

(ο/η) ιατρός [이아트로스]	의사	(ο/η) δικηγόρος [디끼고로스]	변호사
(ο/η) συγγραφέας [싱그라페아스]	작가	(ο/η) δημοσιογράφος [디모시오그라포스]	저널리스트
(ο/η) ηθοποιός [이토피오스]	배우		

(ο) αθλητής / (η) αθλήτρια [아틀리띠스] [아틀리뜨리아]	운동선수
(ο) αγρότης / (η) αγρότισσα [아그로띠스] [아그로띠사]	농부
(ο) δάσκαλος / (η) δασκάλα [다스칼로스] [다스칼라]	선생님
(ο) καθηγητής / (η) καθηγήτρια [까티기띠스] [까티기뜨리아]	교수
(ο) τραγουδιστής / (η) τραγουδίστρια [뜨라구디스띠스] [뜨라구디스뜨리아]	가수
(ο) χορευτής / (η) χορεύτρια [호렙띠스] [호렙뜨리아]	댄서
(ο) κομμωτής / (η) κομμώτρια [꼬모띠스] [꼬모뜨리아]	미용사

γραμματική

● **είμαι** 동사(~은 ~이다)의 현재형

그리스어 동사 είμαι는 영어의 I am, you are, he/she is, we are, you are(복수), they are에 대응되는 변화형태입니다. 즉 주어가 동사에 붙어서 한몸처럼 변화합니다. 앞서 배운 인칭대명사를 주어로 사용할 수도 있지만 인칭대명사 없이도 주어의 의미를 동사 하나만으로 알 수 있습니다. 가장 기본적이고 많이 사용하는 동사인 만큼 잘 익혀 두는 것이 중요합니다.

구분		인칭대명사	**είμαι** 동사	의미
단수	1인칭	εγώ	**είμαι** [이메]	나는 ~이다.
	2인칭	εσύ	**είσαι** [이세]	너는 ~이다.
	3인칭	αυτός/αυτή/αυτό	**είναι** [이네]	그는/그녀는/그것은 ~이다.
복수	1인칭	εμείς	**είμαστε** [이마스떼]	우리는 ~이다.
	2인칭	εσείς	**είστε** [이스떼]	당신들은 ~이다.
	3인칭	αυτοί/αυτές/αυτά	**είναι** [이네]	그들은/그녀들은/그것들은 ~이다.

🖋 TIP
• 1과에서 배운 인칭대명사와 είμαι 동사는 짝으로 외워두는 것이 좋습니다.
• 동사의 발음에서 αι가 [에]로 발음되는 것에 주의합니다. 단모음 엡실론(Ε, ε)과 같은 발음입니다.

◆ TIP
음운환경에 따라 δε(ν)으로 사용
됩니다(p.66 ◆ TIP 참조).

● 부정 Δεν*

문장을 부정하고 싶을 때 동사 앞에 사용합니다. 그리스어의 기본 문장 구조는 한국어와
달리 '주어 + 동사 + 목적어'의 순서입니다. 자세한 문법사항은 차차 살펴보겠으며, 우선
다음 예문을 통해 문장 구조와 더불어 부정의 의미인 δεν [덴]이 문장 어디에 들어가는
지를 유의하여 살펴보겠습니다.

(Εγώ) είμαι φοιτητής.   (나는) (남자) 대학생이다.
[에고 이메 피티띠스]

(Εγώ) δεν είμαι φοιτητής.   (나는) (남자) 대학생이 아니다.
[에고 덴 이메 피티띠스]

(Εγώ) πεινάω.   (나는) 배가 고프다.
[에고 삐나오]

(Εγώ) δεν πεινάω.   (나는) 배가 고프지 않다.
[에고 덴 비나오]

(Εγώ) διαβάζω το βιβλίο.   (나는) 그 책을 읽는다.
[에고 디아바조 또 비블리오]

(Εγώ) δε διαβάζω το βιβλίο.   (나는) 그 책을 읽지 않는다.
[에고 데 디아바조 또 비블리오]

εκφράσεις

앞서 대화에서 등장한 이름을 묻는 표현을 자세히 알아보겠습니다.

Πώς **σε** λένε;
[뽀 셀 레네]

어떻게 너를 (그들이) 부르니?

Με λένε Μαρία. = Είμαι η Μαρία.
[멜 레네 마리아]　　　　[이메 이 마리아]

나를 (그들이) 부르다 마리아라고.

위의 문장에서 목적어에 해당하는 σε와 Με를 바꾸면 '그 사람의 이름은 무엇입니까?', '이것의 이름은 무엇입니까?' 등의 표현으로 활용할 수 있습니다. 특히 남성명사의 경우 목적격이 되면 명사 맨 뒤의 시그마(ς)가 탈락되므로 이 점에 유의합니다.

Πώς τον λένε;

어떻게 그를 (사람들이) 부르니?

Τον λένε <u>Γιώργο</u>.
　　　　　　목적격

그를 (사람들이) 요르고라고 불러.

= Είναι ο <u>Γιώργος</u>.
　　　　　주격

그는 요르고스야.

Πώς τη λένε;

어떻게 그녀를 (사람들이) 부르니?

Τη λένε Ελένη.

그녀를 (사람들이) 엘레니라고 불러.

= Είναι η Ελένη.

그녀는 엘레니야.

이 표현을 사용하여 사물 등의 명칭을 물을 때 다음과 같은 질문을 할 수 있습니다.

Πώς το λέτε αυτό στα ελληνικά;
= Πώς λέγεται αυτό στα ελληνικά;

이것을 그리스어로 뭐라고 하나요?

διάλογοι

🎧 2-3

Διάλογος ❶

Κώστας: Γεια σου. Από πού είσαι;
야수. 아뽀 뿌 이쎄?

Τίνα: Είμαι από την Αγγλία. Εσύ;
이메 아뽀 띤 앙글리아. 에시?

Κώστας: Είμαι από την Ελλάδα. Πώς σε λένε;
이메 아뽀 띤 엘라다. 뽀 셀 레네?

Τίνα: Με λένε Τίνα. Εσένα;
멜 레네 톰. 에세나?

Κώστας: Είμαι ο Κώστας.
이메 오 코스타스.

> 코스타스: 안녕. 너는 어느 나라에서 왔니?
> 티나: 나는 영국에서 왔어. 너는?
> 코스타스: 나는 그리스에서 왔어. 이름이 뭐야?
> 티나: 내 이름은 티나야. 너는?
> 코스타스: 내 이름은 코스타스야.

Διάλογος ❷

Ταμάρα: Από που είστε, κυρία Τατιάνα;
아뽀 뿌 이스떼, 끼리아 타티아나?

Τατιάνα: Από τη Λιθουανία. Εσείς;
아뽀 띠 리투아니아. 에시스?

Ταμάρα: Είμαι από τη Γεωργία. Τι δουλειά κάνετε;
이메 아뽀 띠 예오르기아. 띠 둘리아 까네떼?

Τατιάνα: Είμαι καθηγήτρια. Εσείς;
이메 까띠기뜨리아. 에시스?

Ταμάρα: Είμαι χορεύτρια.
이메 호렙뜨리아.

> 타마라: 어느 나라에서 오셨어요, 타티아나 씨?
> 타티아나: 저는 리투아니아에서 왔어요. 그쪽은요?
> 타마라: 저는 조지아에서 왔어요. 무슨 일을 하세요?
> 타티아나: 저는 선생님이에요. 당신은요?
> 타마라: 저는 댄서예요.

(η) Λιθουανία
리투아니아

(η) Γεωργία 조지아

Τι δουλειά κάνετε;
무슨 일을 하세요?
(2인칭 복수 또는 격식 표현)

Διάλογος ❸

Ζωή: Γεια. Είμαι η Ζωή. Είμαι φοιτήτρια, εσύ;
야. 이메 이 조이. 이메 피띠뜨리아, 에시?

Ιβάν: Είμαι ο Ιβάν, είμαι κι εγώ φοιτητής.
이메 오 이반, 이메 끼 에고 피띠띠스.

Ζωή: Χαίρω πολύ.
헤로 뽈리.

Ιβάν: Κι εγώ επίσης. Από πού είσαι, Ζωή;
끼 에고 에삐시스. 아뽀 뿌 이세, 조이?

Ζωή: Είμαι από την Ελλάδα. Εσύ;
이메 아뽀 띤 엘라다. 에시?

Ιβάν: Είμαι από τη Ρωσία.
이메 아뽀 띠 로시아.

조이: 안녕. 나는 조이라고 해. 나는 대학생이야, 너는?

이반: 나는 이반이야, 나도 대학생이야.

조이: 만나서 반가워.

이반: 나도 반가워. 너는 어느 나라에서 왔어, 조이야?

조이: 나는 그리스에서 왔어. 너는?

이반: 나는 러시아에서 왔어.

ασκήσεις

1 <보기>와 같이 다음 빈칸에 **1**과에서 배운 **είμαι** 동사의 알맞은 형태를 쓰세요.

─────────────┤ 보기 ├─────────────

Εμείς <u>είμαστε</u> από την Κορέα. Εσείς από πού <u>είστε</u>;

우리는 한국에서 왔어요. 여러분은 어디에서 왔나요?

────────────────────────────────────

(η) Ολλανδία 네덜란드

1 Εγώ .... από την Ολλανδία.

   Εσείς από πού .... ;

   저는 네덜란드에서 왔어요. 당신은 어디에서 왔나요?

2 Η Ελένη .... από την Ελλάδα.

   엘레니는 그리스에서 왔어요.

3 Εμείς .... από την Ιαπωνία.

   Εσύ από πού .... ;

   우리는 일본에서 왔어. 너는 어디서 왔니?

4 Χαίρετε. Πώς .... ;

   안녕하세요. 어떻게 지내세요?

5 Εγώ .... καλά. Εσύ πώς .... ;

   나는 잘 지내. 너는 어떻게 지내?

2 다음 문장에 알맞은 대답을 찾아 연결하세요.

1	Από πού είσαι;		α	Καλά, εσείς;
2	Είσαι φοιτητής;		β	Είμαι από την Ελλάδα.
3	Η Μαρία είναι φοιτήτρια;		γ	Όχι, δεν είναι φοιτήτρια.
4	Από πού είναι ο Γιάννης;		δ	Όχι, είμαι από την Κίνα.
5	Είσαι από την Κορέα;		ε	Ναι, είμαι φοιτητής.
6	Τι κάνετε, κύριε Παπά;		στ	Είναι από την Αθήνα.

3 다음 빈칸에 들어갈 알맞은 **είμαι** 동사의 형태를 쓰세요.

1 Εγώ _____ ο Γιώργος.

나는 요르고스이다.

2 Αυτός _____ από την Κορέα.

이 사람은 한국에서 왔다.

3 Εμείς _____ από την Ελλάδα.

우리는 그리스에서 왔다.

4 Αυτή δεν _____ η Ειρήνη. _____ η
Σοφία.

이 여자는 이리니가 아니다. 소피아이다.

5 Εσείς _____ από τη Γαλλία;

당신/여러분은 프랑스에서 왔나요?

6 Αυτοί _____ ο Τομ και η Μαίρη.

이 사람들은 톰과 메리이다.

7 Εσύ _____ η Μαρία;

네가 마리아니?

8 Αυτές _____ η Τατιάνα και η Ιούλια.

이 사람(여자)들은 타티아나와 율리아이다.

9 Αυτοί _____ ο Νίκος και ο Τάσος.

이 사람(남자)들은 니코스와 타소스이다.

10 Από πού _____, κύριε Κοσμίδη;

코스미디 씨, 어디서 오셨나요? (격식)

TIP
Δεν은 동사 바로 앞에 위치합니다.

4 다음 문장의 부정형을 **δεν**을 사용하여 쓰세요.

1 Είμαι συγγραφέας.　　　　저는 작가입니다.

→ ----------------------------------

2 Είστε καθηγητής;　　　　당신은 교수님인가요?

→ ----------------------------------

3 Είμαστε από την Κορέα.　　우리는 한국에서 왔어요.

→ ----------------------------------

4 Αυτοί είναι γιατροί.　　　이분들은 의사입니다.

→ ----------------------------------

5 Η Μαρία είναι χορεύτρια.　마리아는 댄서입니다.

→ ----------------------------------

6 Ο Ανδρέας είναι ηθοποιός.　안드레아스는 배우입니다.

→ ----------------------------------

ΜΑΘΗΜΑ 03

장소 어디에 살아요?

Πού μένεις;

διάλογος

🎧 3-1

Δημήτρης: **Γεια σου, Μαρία.**
야수, 마리아.

Μαρία: **Α! Καλημέρα, Δημήτρη. Τι κάνεις;**
아! 깔리메라, 디미트리. 띠 까니스?

Δημήτρης: **Καλά, εσύ; Πώς είσαι;**
깔라, 에씨? 뽀스 이쎄?

Μαρία: **Μια χαρά, ευχαριστώ. Μένεις εδώ κοντά;**
먀 하라, 에프하리스또. 메니스 에도 꼰다?

Δημήτρης: **Ναι, μένω εδώ, στην πλατεία Κουκακίου.**
네, 메도 에도, 스띤 쁠라띠아 꾸까끼우.

디미트리스: 안녕, 마리아.
마리아: 아! 안녕, 디미트리. 어떻게 지내?
디미트리스: 잘 지내, 너는? 어떻게 지내?
마리아: 잘 지내, 고마워. 이 근처에 살아?
디미트리스: 응, 여기 살아, 꾸까끼 광장 쪽이야.

λεξιλόγιο

Τι κάνεις;
어떻게 지내? / 오늘 기분이 어때?

μένω ~에 살다

εδώ 여기

σε + 장소 ~에 / ~에서

μένω σε + 목적격
나는 ~에 산다

(η) πλατεία 광장

κοντά 가까이

40

γραμματική

● **A군 동사의 현재형**

TIP
그리스어의 수동형(중간태) 동사
는 형태는 수동이지만 의미는 반
드시 수동이 아니라는 점을 유의
해야 합니다. 능동의 의미를 가졌
으나 수동의 형태를 취하는 동사
들도 많습니다.

그리스어 동사는 형태에 따라 A, B, Γ군으로 나누어집니다. A와 B군에는 능동형 동사가,
Γ군에는 수동형(중간태) 동사*가 속합니다. 이번 과에서는 A군 동사에 대해 살펴보겠습
니다. A군 동사는 1인칭 단수형이 -ω(강세 없음 / 참고: -ώ로 끝나는 동사는 B군)로 끝
나는 동사입니다. 모든 동사는 2과에서 소개한 είμαι 동사와 마찬가지로 인칭과 수에
따라 변화합니다. 어미변화를 익힌 후 동사에 대입해 보며 변화 연습을 충분히 하도록
합니다.

구분		인칭대명사	A1 어미변화
단수	1인칭	εγώ	-ω
	2인칭	εσύ	-εις
	3인칭	αυτός / αυτή / αυτό	-ει
복수	1인칭	εμείς	-ουμε
	2인칭	εσείς	-ετε
	3인칭	αυτοί / αυτές / αυτά	-ουν(ε)

현대 그리스어의 동사는 항상 '1인칭 단수형'이 기본으로 주어지므로 거기서 -ω를 빼고
그 자리에 어미를 붙여 어미변화형을 만듭니다. 다음 표에서 예를 든 κάνω 동사 변화
를 바탕으로 그 다음 표에 제시된 A1 동사들의 변화 연습을 충분히 하도록 합니다.

κάνω (~을 하다)		
현재형	κάν**ω**	나는 ~을 한다
	κάν**εις**	너는 ~을 한다
	κάν**ει**	그/그녀는 ~을 한다
	κάν**ουμε**	우리는 ~을 한다
	κάν**ετε**	너희들은 ~을 한다
	κάν**ουν(ε)**	그들은 ~을 한다

Κάνω γυμναστική.   나는 운동을 한다.

Κάνουμε διάλειμμα.   우리는 쉬는 시간을 가진다.

Κάνουν διακοπές.   그들은 휴가를 보내고 있다.

A군 동사			
μένω	살다	διαβάζω	책을 읽다, 공부하다
αγοράζω	물건을 사다	αλλάζω	바꾸다
ανοίγω	열다	αρχίζω	시작하다
βγαίνω	나가다	δίνω	주다
έχω	~을 가지고 있다	καπνίζω	담배를 피우다
καταλαβαίνω	이해하다	μαθαίνω	배우다
δουλεύω	일하다	θέλω	원하다
κάνω	하다	παίζω	놀다
περιμένω	기다리다	μαγειρεύω	요리하다
πλένω	씻다(설거지하다, 빨래하다, 손을 씻다 등)	πληρώνω	돈을 내다, 지불하다
σπουδάζω	공부하다	στέλνω	보내다
ταξιδεύω	여행하다	τελειώνω	끝내다, 끝나다
τρέχω	달리다	φεύγω	떠나다
φτάνω	도착하다	φτιάχνω	만들다
χορεύω	춤추다	ψάχνω	찾다

εκφράσεις 🎧 3-2

● 지시하여 묻는 표현

다음은 의문대명사 '무엇(τι)'과 '누구(ποιος/ποια/ποιο)'(4과 참고), 그리고 이 사람,
이것, 저 사람, 저것을 나타내는 지시대명사(αυτός/αυτή/αυτό, εκείνος/εκείνη/
εκείνο)를 사용한 예문입니다. 의문대명사와 지시대명사의 경우 ποιος(남성)/ποια(여
성)/ποιο(중성)을 구분하여 사용합니다.

Τι είναι αυτό;
[띠 이네 아프또]
이것은 무엇입니까?

Ποιος είναι εκείνος;
[표스 이네 에끼노스]
저 사람(남성)은 누구입니까?

Ποιος είναι αυτός;
[표스 이네 아프또스]
이 사람(남성)은 누구입니까?

Ποια είναι αυτή;
[퍄 이네 아프띠]
이 사람(여성)은 누구입니까?

Ποιο βιβλίο σου αρέσει;
[표 비블리오 수 아레시]
너는 어떤 책을 좋아하니?

● 지시대명사

지시대명사는 누구인지, 무엇인지 알 수 없을 때, 또는 지칭하여 사람이나 사물의 이름
을 알고 싶을 때 널리 사용합니다. 지시대명사의 종류는 다음과 같습니다.

이		저	
가까이 있는 것을 지칭		멀리 떨어져 있는 것을 지칭	
αυτός	이 남자	εκείνος	저 남자
αυτή	이 여자	εκείνη	저 여자
αυτό	이 아이 혹은 중성명사 동물 / 명사의 성을 모를 때 / 이것	εκείνο	저 아이 혹은 중성명사 동물 / 명사의 성을 모를 때 / 저것

43

διάλογοι

🎧 3-3

Διάλογος ❶

Γιώργος: Γεια σου, με λένε Γιώργο.
야수, 멜 레네 요르고.

Μίρα: Γεια σου, είμαι η Μίρα.
야수, 이메 이 미라.

Γιώργος: Χαίρω πολύ, Μίρα. Μένεις εδώ;
헤로 뽈리, 미라. 메니스 에도?

Μίρα: Ναι, μένω εδώ, στη Σεούλ. Κι εσύ μένεις εδώ;
네, 메도 에도, 스띠 세울. 끼 에씨 메니스 에도?

Γιώργος: Ναι, μαθαίνω κορεατικά στο πανεπιστήμιο.
네, 마떼노 꼬레아띠까 스또 빠네삐스띠미오.

Μίρα: Πολύ ωραία.
뽈리 오레아.

요르고스: 안녕, 내 이름은 요르고야.
미라: 안녕, 나는 미라라고 해.
요르고스: 만나서 반가워, 미라야. 너 여기에 살아?
미라: 응, 나는 여기, 서울에 살아. 너도 여기에 사니?
요르고스: 응, 나는 대학교에서 한국어를 배우고 있어.
미라: 아주 멋지구나.

εδώ 여기
μαθαίνω 배우다
(το) πανεπιστήμιο 대학교

Διάλογος ❷

Μίνα: Καλημέρα σας, είμαι η Μίνα Κιμ.
깔리메라 사스, 이메 이 미아 킴.

Γιάννης: Γεια σας, με λένε Γιάννη Παπαδόπουλο.
야사스, 멜 레네 야니 빠빠도뿔로.

Μίνα: Χαίρω πολύ, κύριε Παπαδόπουλε. Μένετε στην Αθήνα;
헤로 뽈리, 끼리에 빠빠도뿔레. 메네떼 스띤 아띠나?

Γιάννης: Ναι, εσείς δουλεύετε εδώ;
네, 에시스 둘레베떼 에도?

Μίνα: Όχι, εγώ δεν δουλεύω, μαθαίνω ελληνικά στο πανεπιστήμιο,
εσείς;
오히, 에고 덴 둘레보, 마테노 엘리니까 스또 빠네삐스띠미오, 에시스?

δουλεύω 일하다

Γιώννης: Εγώ δουλεύω σε μια εταιρεία.

에고 둘레보 세 먀 에떼리아.

> 민아: 안녕하세요. 저는 김민아라고 합니다.
> 야니스: 안녕하세요, 저는 야니스 파파도풀로스라고 합니다.
> 민아: 만나서 반가워요, 파파도풀로스 씨. 아테네에 사세요?
> 야니스: 네, 민아 씨는 여기서 일하세요?
> 민아: 아니요, 저는 일하는 게 아니라 대학교에서 그리스어를 배워요, 그쪽은요?
> 야니스: 저는 회사에 다녀요.

Διάλογος ❸

(ο) φοιτητής 대학생 (남)

(η) οικογένεια 가족

(ο/η) δημοσιογράφος 기자 (남/여)

Μίνσου: Γεια σας. Είμαι ο Μίνσου Λι. Είμαι από την Κορέα, αλλά τώρα μένω στην Αθήνα. Είμαι φοιτητής. Μαθαίνω ελληνικά στο πανεπιστήμιο.

야사스. 이메 오 민수 리. 이메 아뽀 띤 꼬레아, 알라 또라 메노 스띤 아티나. 이메 피티띠스. 마테노 엘리니까 스또 빠네삐스띠미오.

Ζωή: Γεια σας. Με λένε Ζωή Αλεξίου. Είμαι από την Ελλάδα, από την Αθήνα, αλλά τώρα μένω στη Σεούλ με την οικογένειά μου. Είμαι δημοσιογράφος.

야사스. 멜 레네 조이 알렉시우. 이메 아뽀 띤 엘라다, 아뽀 띤 아티나, 알라 또라 메노 스띤 세울 메 띠 이꼬게니아 무. 이메 디모시오그라포스.

> 민수: 안녕하세요. 저는 이민수입니다. 저는 한국에서 왔어요, 하지만 지금은 아테네에 삽니다. 저는 대학생이에요. 저는 대학교에서 그리스어를 배우고 있습니다.
> 조이: 안녕하세요. 저는 조이 알렉시우라고 합니다. 저는 그리스, 아테네에서 왔어요, 지금 가족들과 함께 서울에 살고 있습니다. 저는 기자입니다.

$\boxed{\text{ασκήσεις}}$

1 다음 동사의 인칭 변화 형태를 쓰세요.

1 δίνω (주다)

→ _____

2 μένω (살다)

→ _____

3 ταξιδεύω (여행하다)

→ _____

4 παίζω (놀다)

→ _____

5 αγοράζω (물건을 사다)

→ _____

2 **Μένω** 동사를 활용하여 다음 문장을 완성하세요.

1 Πού _____, κυρία Μπέλλα;

2 Ο Μάρτιν _____ στο Ψυχικό.

3 Είμαι από την Κορέα, αλλά _____ στην Αθήνα.

4 Η Άννα και ο Τομ _____ στην Κρήτη.

5 Πού _____, παιδιά;

6 Η Ειρήνη κι εγώ _____ στο Παγκράτι.

3 다음 빈칸에 들어갈 알맞은 동사를 <보기>에서 골라 넣으세요.

───────────────| 보기 |───────────────

έχω μένεις κάνεις έχει μένουμε κάνετε μένει μένουν

1 Ο Γιώργος και η Ταμάρα _____ στην Ελλάδα.

2 Τι _____, Γιώργο; Είσαι καλά;

3 Η Ιούλια κι εγώ _____ στο Κουκάκι.

4 Ο Πάνος _____ αδελφή;

5 Εγώ δεν _____ πρόβλημα.

6 Νίκο, πού _____;

7 Παναγιώτη, πού _____ ο Νίκος;

8 Τι _____, κυρία Προδρόμου;

4 다음 빈칸에 들어갈 알맞은 동사 변화 형태를 쓰세요.

1 Εμείς _____ στη Σεούλ.
   Εσύ πού _____; (μένω: 살다)

2 Αυτός _____ στην Πάτρα.
   Εγώ _____ στο Παρίσι. (δουλεύω: 일하다)

3 Αυτοί δεν _____ εδώ. (μένω: 살다)

4 Εγώ _____ από την Κρήτη.
   Εσείς από πού _____; (είμαι: ~이다)

5 Ο κύριος Παπαδόπουλος και η γυναίκα του
   _____ ένα παιδί. (έχω: ~가 있다(소유))

MAΘHMA

04

가족 이 사람은 누구입니까?

Ποιος είναι αυτός;

διάλογος

🎧 4-1

Μίνσου: **Καλησπέρα, Μαρία. Τι είναι αυτό, φωτογραφία;**
깔리스페라, 마리아. 띠 이네 아프또? 포토그라피아?

Μαρία: **Ναι, από την Ελλάδα. Η οικογένειά μου.**
네, 아뽀 띤 엘라다. 이 이꼬게니아 무.

Μίνσου: **Ααα! Ποιος είναι αυτός;**
아아! 뾰스 이네 아프또스?

Μαρία: **Είναι ο πατέρας μου. Τον λένε Μιχαήλ.**
이네 오 빠떼라스 무. 똔 레네 미하일.

Μίνσου: **Αυτή ποια είναι; Η μητέρα σου;**
아프띠 퍄 이네? 이 미떼라 수?

Μαρία: **Ναι.**
네.

Μίνσου: **Πώς τη λένε;**
뽀스 띨 레네?

Μαρία: **Τη λένε Κατερίνα. Και εδώ είναι ο αδελφός μου, ο Γιώργος.**
띨 레네 카테리나. 께 에도 이네 오 아델포스 무, 오 요르고스.

민수: 안녕, 마리아. 이게 뭐야, 사진?

마리아: 응, 그리스에서 온 사진이야. 우리 가족.

민수: 아! 이분은 누구셔?

마리아: 우리 아버지셔. 미하일이라고 해.

민수: 이(여자)분은 누구셔? 어머니?

마리아: 응.

민수: 성함이 어떻게 되셔?

마리아: 카테리나라고 해. 그리고 여기는 내 남동생 요르고스야.

λεξιλόγιο

(οι) γονείς 부모님

(ο) αδελφός 남자형제

(η) αδελφή 여자형제

(τα) αδέλφια 형제

(ο) παππούς 할아버지

(η) γιαγιά 할머니

(ο) θείος
삼촌, 고모부, 이모부

(η) θεία 숙모, 고모, 이모

(ο) ξάδελφος 사촌 (남)

(η) ξαφέλφη 사촌 (여)

(τα) ξαδέλφια 사촌들

(ο) γιος 아들

(η) κόρη 딸

(τα) παιδιά
자녀들 / 아이들

(ο) ανιψιός 조카 (남)

(η) ανιψιά 조카 (여)

(τα) ανίψια 조카들

(ο) εγγονός 손자 (남)

(η) εγγονή 손녀 (여)

(τα) εγγόνια 손주들

γραμματική

● 명사의 주격

앞서 살펴보았듯이 현대 그리스어의 명사는 남성, 여성, 중성의 세 가지 성을 가지고 있습니다. 대부분 각 성별을 특정 어미의 형태로 알아볼 수는 있지만 예외도 있다는 점을 염두에 두어야 합니다. 이번 과에서는 명사의 주격 형태를 다루며, 각 성에 따른 정관사와 어미형태를 주의 깊게 살펴보겠습니다.

구분	남성명사의 예	여성명사의 예	중성명사의 예
기본 변화 형태	ο φίλος 친구 (남) ο άντρας 남자 ο χάρτης 지도	η φίλη 친구 (여) η σοκολάτα 초콜릿	το βιβλίο 책 το παιδί 아이 το μάθημα 수업
그 밖의 변화 형태	ο μπαμπάς 아빠 ο μανάβης 청과장수 ο καφές 커피 ο παππούς 할아버지 ο γραμματέας 사무원	η μαμά 엄마 η αλεπού 여우 η Αργυρώ 아르기로 (여성이름) η οδός 길	το τρέξιμο 달리기 το προϊόν 제품 το δάσος 숲

남성명사의 경우 **-ος/-ας/-ης**로 끝나는 명사들이 대부분이지만, -άς/-ής/-ές/-ούς/-έας로 끝나는 예외의 경우도 있습니다. 여성명사는 주로 **-η/-α**로 끝나고, -ά/-ού/-ώ로 끝나는 경우와, 특이한 형태로 남성명사처럼 -ος로 끝나지만 여성명사인 것도 있습니다. 중성명사는 **-ο/-ί/-μα**로 끝나는 경우가 가장 많고, -ιμο/-όν으로 끝나거나 남성명사처럼 -ος로 끝나지만 중성명사인 경우도 있습니다.

처음부터 전부를 익히기보다 초급 단계에서는 하이라이트 된 기본 변화형태를 집중적으로 학습합니다. 명사를 외울 때 정관사와 함께 짝을 지어 익혀두면 좋습니다. 초급 단계에서는 위의 표에 제시된 '그 밖의 변화형태'는 참고만 하고 명사의 기본 변화형태를 익히는 것에 집중합니다.

남성명사		여성명사		중성명사	
ο	φίλος 친구 πατέρας 아버지 φοιτητής 대학생	η	φίλη 친구 μητέρα 어머니	το	βιβλίο 책 παιδί 어린이 μάθημα 수업
	Γιώργος Κώστας Γιάννης		Ζωή Μαρία		

● 의문대명사 **Ποιος** (누구)

그리스어에서 한국어의 '누구/누가'에 해당하는 **Ποιος**는 다른 단어들처럼 성, 수, 격에 따라 다르게 변화합니다. 따라서 묻고 싶은 명사의 성이 무엇인가에 따라 다른 형태의 의문대명사를 사용해야 합니다. '누구를', '누구와'를 표현할 때는 목적격으로 사용합니다.

구분	단수			복수		
	남성	여성	중성	남성	여성	중성
주격	ποιος	ποια	ποιο	ποιοι	ποιες	ποια
목적격	ποιον	ποια	ποιο	ποιους	ποιες	ποια

Ποιος είναι αυτός ο άντρας;
이 남자는 <u>누구</u>입니까?

Ποια είναι η γυναίκα;
이 여자는 <u>누구</u>입니까?

Ποιο είναι το παιδί;
그 아이는 <u>누구</u>입니까?

Ποιοι είναι αυτοί;
이 사람들은 <u>누구</u>입니까?

Ποιες είναι αυτές;
이 여자들은 <u>누구</u>입니까?

Ποια είναι αυτα τα παιδιά;
이 아이들은 <u>누구</u>입니까?

Με ποιον διαβάζεις;
너는 <u>누구와 같이</u> 공부하니?

Με ποια κάνεις παρέα;
너는 <u>누구와</u> 친하게 지내니?

Για ποιο παιδί είναι το δώρο;
이 선물은 <u>어떤 아이</u>를 위한 거야?

Ποιους ξέρεις;
너는 <u>누구를(복수)</u> 알아?

Με ποιες μένεις;
너는 <u>어떤 사람들(여성, 복수)</u>이랑 사니?

Με ποια παίζεις;
<u>누구와 함께</u> 게임을 하고 있니?

〈의문대명사 추가 표현〉

Πιανού

누구의 것

Πιανού είναι αυτό;

이것은 누구의 것입니까?

εκφράσεις 🎧 4-2

● 숫자(1 ~ 100)

0	μηδέν [미덴]	11	έντεκα [엔데까]
1	ένα [에나]	12	δώδεκα [도데까]
2	δύο [디오]	13	δεκατρία [데까뜨리아]
3	τρία [뜨리아]	14	δεκατέσσερα [데까떼세라]
4	τέσσερα [떼세라]	15	δεκαπέντε [데까뺀데]
5	πέντε [뺀데]	16	δεκαέξι/δεκάξι [데까엑시/데깍시]
6	έξι [엑시]	17	δεκαεφτά/δεκαεπτά [데까에프타/데까엡따]
7	εφτά/επτά [에프타/엡따]	18	δεκαοχτώ/δεκαοκτώ [데까옥또]
8	οχτώ/οκτώ [옥또]	19	δεκαεννιά/δεκαεννέα [데까에냐/데까에네아]
9	εννιά/εννέα [에냐/에네아]	20	είκοσι [이코시]
10	δέκα [데까]	21	είκοσι ένα [이코시 에나]

30	τριάντα [뜨리안다]	70	εβδομήντα [에브도민다]
40	σαράντα [사란다]	80	ογδόντα [오ㄱ돈다]
50	πενήντα [페닌다]	90	ενενήντα [에네닌다]
60	εξήντα [엑신다]	100	εκατό [에카또]

● 전화번호 읽기

앞에서 배운 숫자를 사용하여 전화번호를 읽어 봅시다. 한국어는 숫자를 하나씩 따로 읽지만, 그리스어는 기본적으로 두 개의 숫자를 묶어 읽습니다. 하지만 실제 언어생활에서는 사람마다 다르게 읽어 문법적인 제한은 없습니다. 여기서는 숫자 읽기 연습이라고 생각하고 두 자리씩 묶어 읽어 보겠습니다.

〈휴대폰〉

69/78/82/39/61　　육십구 / 칠십팔 / 팔십이 / 삼십구 / 육십일

εξήντα εννιά(εννέα) / εβδομήντα οκτώ(οχτώ) / ογδόντα δύο /
τριάντα εννιά(εννέα) / εξήντα ένα

에네닌다 에냐 / 에브도민다 옥또 / 오그돈다 디오 / 뜨리안다 에냐 / 엑신다 에나

〈집, 사무실 전화〉

2/10/45/78/6/90　　이 / 십 / 사십오 / 칠십팔 / 육 / 구십

δύο / δέκα / σαράντα πέντε / εβδομήντα οκτώ(οχτώ) / έξι / ενενήντα

디오 / 데까 / 사란다 뻰데 / 에브도민다 옥또 / 엑시 / 에네닌다

 TIP

210의 경우 유선전화에 부여되는 지역번호 단위이며, 보통 2/10으로 나누어 읽습니다.

διάλογοι/κείμενα 🎧 4-3

Διάλογος ❶

Κυρία Μαρία: Έχεις αδέλφια, Σούζιν;
에히스 아델피아, 수진?

Σούζιν: Ναι, έχω δύο αδέλφια, έναν αδελφό και μία αδελφή.
네, 에호 디오 아델피아, 에난 아델포 께 미아 아델피.

Κυρία Μαρία: Πού μένουν;
뿌 메눈?

Σούζιν: Μένουν στην Κορέα, στη Σεούλ. Εσείς έχετε παιδιά;
메눈 스띤 꼬레아, 스띠 세울. 에시스 에헤떼 뻬디아?

Κυρία Μαρία: Ναι, έχω μία κόρη. Είναι μαθήτρια.
네, 에호 미아 꼬리. 이네 마띠뜨리아.

(η) κόρη 딸
(η) μαθήτρια 학생 (여)

> 마리아 선생님: 수진아, 너는 형제가 있니?
> 수진: 네, 저는 형제가 둘 있어요, 남동생 하나랑 여동생 하나요.
> 마리아 선생님: (형제들은) 어디에 사니?
> 수진: 한국에 살아요, 서울에요. 선생님은 자녀가 있으세요?
> 마리아 선생님: 응, 나는 딸이 하나 있는데 학생이야.

Κείμενο ❷

μεγάλος/η/ο 큰
παντρεμένος/η/ο 결혼한
(το) παιδί 아이, 자녀

Η Σοφία έχει μεγάλη οικογένεια.
이 소피아 에히 메갈리 이꼬게니아.

Ο Παππούς Γιώργος και η γιαγιά Σοφία είναι πολλά χρόνια παντρεμένοι.
오 빠뿌스 요르고스 께 이 야야 소피아 이네 뽈라 흐로냐 빤드레메니.

Έχουν δύο παιδιά. Έναν γιο, τον Βασίλη και μία κόρη, την Αθηνά.
에훈 디오 뻬디아. 에난 요, 또 바실리 케 미아 꼬리, 띤 아티나.

Ο Βασίλης είναι παντρεμένος με τη Μαρία και έχει μία κόρη, τη Σοφία.
오 바실리스 이네 빤드레메노스 메 띠 마리아 께 에히 미아 꼬리, 띠 소피아.

Η Αθηνά δεν είναι παντρεμένη.
이 아티나 덴 이네 빤드레메니.

소피아네는 대가족입니다. 할아버지 요르고스와 할머니 소피아는 결혼한 지 아주 오래되었습니다. 할아버지와 할머니는 자녀가 둘 있는데 바실리스와 아티나입니다. 바실리스는 마리아와 결혼했고 딸 소피아가 있습니다. 아티나는 결혼하지 않았습니다.

Διάλογος ❸

Ζωή: Τι είναι αυτή η φωτογραφία στο κινητό σου;
띠 이네 아프티 이 포토그라피아 스또 끼니또 수?

Μίνσου: Είναι μια φωτογραφία με την τάξη μου στο πανεπιστήμιο.
이네 먀 포토그라피아 메 띤 딱시 무 스또 빠네삐스띠미오.

Ζωή: Ποιοι είναι όλοι αυτοί;
피이 이네 올리 아프띠?

Μίνσου: Είναι συμφοιτητές μου, αυτοί εδώ είναι οι φίλοι μου, ο Κρίστιαν από την Πορτογαλία και ο Άλεξ από τη Γερμανία, και οι φίλες μου, η Κριστίνα από την Ιταλία και η Ιβάνα από τη Ρωσία.
이네 심피티떼스 무, 아프띠 에도 이네 이 필리 무, 오 크리스티안 아뽀 띤 뽀르또갈리아 께 오 알렉스 아뽀 띠 게르마니아, 께 이 필레스 무, 이 크리스티나 아뽀 띤 이탈리아 께 이 이바나 아뽀 띠 로시아.

조이: 네 휴대폰에 있는 이 사진은 뭐야?
민수: 이건 대학교 우리 교실에서 찍은 사진이야.
조이: 이 사람들은 모두 누구야?
민수: 같은 반 친구들이야, 여기 이 사람들은 내 (남자)친구인데, 포르투갈에서 온 크리스티안, 독일에서 온 알렉스, 그리고 여기는 (여자)친구들인데 이탈리아에서 온 크리스티나랑 러시아에서 온 이바나야.

(η) φωτογραφία 사진
(το) κινητό 휴대폰
(η) τάξη 교실 / 반
(το) πανεπιστήμιο 대학교
(ο) συμφοιτητής 대학 동창(선·후배, 동기)
(ο) φίλος 친구 (남)
(η) φίλη 친구 (여)

ασκήσεις

1 다음 빈칸에 들어갈 알맞은 의문대명사(**ποιος/ποια/ποιο**)를 쓰세요.

(το) **τηλέφωνο** 전화

όμορφος/η/ο 아름다운

(η) **κοπέλα**
소녀, 젊은 여성

(το) **λουλούδι** 꽃

πηγαίνω 가다

1 _____ είναι στο τηλέφωνο; (남성, 단수)

2 _____ είναι αυτή η όμορφη κοπέλα; (여성, 단수)

3 Για _____ είναι τα λουλούδια; (여성, 복수)

4 Με _____ πηγαίνεις στο πανεπιστήμιο; (남성, 복수)

5 Με _____ μένεις; (남성, 단수)

2 다음 빈칸에 들어갈 명사에 알맞은 정관사를 쓰세요.

1 _____ σαλάτα 샐러드

2 _____ ταξί 택시

3 _____ σπίτι 집

4 _____ κρασί 와인

5 _____ γάλα 우유

6 _____ ψωμί 빵

7 _____ καρέκλα 의자

8 _____ ποτήρι 물컵

9 _____ ξενοδοχείο 호텔

10 _____ χυμός 주스

③ 다음 아테네의 주요 명소에 알맞은 정관사를 쓰세요.

1 ..... Αθήνα　　　　　..... Πλάκα

2 ..... Σύνταγμα　　　　..... Ακρόπολη

3 ..... Μητρόπολη　　　..... Μουσείο της Ακρόπολης

4 ..... Μοναστηράκι　　..... Θέατρο του Διονύσου

④ 다음 전화번호를 그리스어로 읽어 보세요.

1　210 7890988

→ --

2　210 2830987

→ --

3　6944978678

→ --

4　6982122345

→ --

국적과 언어 너는 그리스어를 참 잘하는구나!

Μιλάς πολύ καλά ελληνικά!

λεξιλόγιο

μιλάω 말하다

πολύ καλά
매우 잘 / 매우 좋다

(τα) ελληνικά
= (η) ελληνική
γλώσσα 그리스어

(ο) Αυστραλός
호주 사람 (남)

(η) Ελληνίδα
그리스 사람 (여)

από' δώ~ 이쪽은~

καταλαβαίνω 이해하다

τόσο 그만큼

(τα) αγγλικά
= (η) αγγλική γλώσσα
영어

(τα) κορεατικά
= (η) κορεατική
γλώσσα 한국어

διάλογος

 5-1

Βίκι: **Μιλάς πολύ καλά ελληνικά. Από πού είσαι;**
밀라스 뽈리 깔라 엘리니까. 아뽀 뿌 이세?

Μάρκος: **Είμαι Αυστραλός, αλλά η μητέρα μου είναι Ελληνίδα.**
이메 압스트랄로스, 알라 이 미떼라 무 이네 엘리니다.

Με λένε Μάρκο. Από'δω είναι ο Μίνσου. Είναι Κορεάτης.
멜 레네 마르코. 아뽀 도 이네 오 민수. 이네 꼬레아띠스.

Βίκι: **Χαίρω πολύ, Μίνσου.**
헤로 뽈리, 민수.

Μίνσου: **Κι εγώ.**
끼 에고.

Μάρκος: **Ο Μίνσου καταλαβαίνει ελληνικά, αλλά δε μιλάει τόσο καλά.**
오 민수 까딸라베니 엘리니까, 알라 데 밀라이 또소 깔라.

Μιλάει αγγλικά και κορεατικά.
밀라이 앙글리까 께 꼬레아띠까.

비키: 너는 그리스어를 참 잘하는구나. 어느 나라에서 왔어?

마르코스: 나는 호주 사람이야, 하지만 우리 어머니는 그리스 사람이셔. 내 이름은 마르코라고 해. 이쪽은 민수. 한국 사람이야.

비키: 만나서 반가워, 민수야.

민수: 나도 (반가워).

마르코스: 민수는 그리스어를 알아듣긴 하지만, 말은 알아듣는 만큼 못해. 민수는 영어랑 한국어를 해.

συμπληρωματικό λεξιλόγιο

그리스어는 국적도 남성과 여성을 구분합니다. (남성/여성의 순서로 나열)

국적		
Είμαι	Έλληνας / Ελληνίδα	그리스 사람
	Ισπανός / Ισπανίδα	스페인 사람
	Ρώσος / Ρωσίδα	러시아 사람
	Αυστραλός / Αυστραλέζα	호주 사람
	Κινέζος / Κινέζα	중국 사람
	Γιαπωνέζος / Γιαπωνέζα	일본 사람
	Τούρκος / Τουρκάλα	터키 사람
	Κορεάτης / Κορεάτισσα	한국 사람

언어		
μιλάω	ελληνικά	그리스어
	ισπανικά	스페인어
	ρωσικά	러시아어
	αγγλικά	영어
	κινεζικά	중국어
	ιαπωνικά	일본어
	τουρκικά	터키어
	κορεατικά	한국어

γραμματική

● **B1 동사**

B동사는 1인칭 현재형에서 -άω 또는 -ώ로 끝나는 동사를 말합니다. 세부적으로 나누면 -άω/-ώ로 끝나는 동사는 B1, -ώ로 끝나는 동사는 B2에 해당합니다. 여기서는 B1 동사 위주로 현재형 변화를 알아보고, 8과에서 B2 동사의 현재형을 살펴보겠습니다.

✏ TIP
B1 동사의 현재형은 다음과 같이 활용되기도 합니다.
μιλ**ώ**
μιλ**άς**
μιλ**ά**
μιλ**άμε**
μιλ**άτε**
μιλ**ούν**

μιλάω (말하다)			어미변화
εγώ	μιλ**άω/ώ**	나는 말한다	**-άω/-ώ**
εσύ	μιλ**άς**	너는 말한다	**-άς**
αυτός/αυτή/αυτό	μιλ**άει**	그/그녀/그 아이는 말한다	**-άει**
εμείς	μιλ**άμε**	우리는 말한다	**-άμε**
εσείς	μιλ**άτε**	너희는 말한다	**-άτε**
αυτοί/αυτές/αυτά	μιλ**άνε**	그들은 말한다	**-άνε**

⊘ 다음 동사들로 어미변화 연습을 충분히 하도록 합니다.

αγαπάω/ώ	사랑하다	ξυπνάω/ώ	잠에서 깨다
πεινάω/ώ	배가 고프다	ρωτάω/ώ	묻다
διψάω/ώ	목이 마르다	ζητάω/ώ	요청하다
περνάω/ώ	지나가다 / 시간을 보내다	απαντάω/ώ	대답하다
σταματάω/ώ	멈추다		

διάλογοι

🎧 5-2

Διάλογος ❶

Γεωργία: Μιλάς ελληνικά;
밀라스 엘리니까?

Μίνσου: Όχι, πολύ καλά, αλλά καταλαβαίνω. Η γυναίκα μου είναι Ελληνίδα.
오히, 뽈리 깔라, 알라 까딸라베노. 이 기네까 무 이네 엘리니다.

Γεωργία: Εσύ και η γυναίκα σου μιλάτε κορεατικά στο σπίτι;
에시 께 이 기네까 수 밀라떼 꼬레아띠까 스또 스삐띠?

Μίνσου: Όχι, μιλάμε αγγλικά. Η γυναίκα μου δε μιλάει καλά κορεατικά.
오히, 밀라메 앙글리까. 이 기네까 무 데 밀라이 깔라 꼬레아띠까.

(η) γυναίκα 여자

cf) **η γυναίκα μου**
나의 아내

(το) σπίτι 집

> 요르기아: 그리스어를 할 수 있어요?
> 민수: 아니요, 그렇게 잘하진 못하지만 알아듣긴 해요. 제 아내가 그리스 사람이에요.
> 요르기아: 그럼 당신과 아내는 집에서 한국어로 대화하나요?
> 민수: 아니요, 우리는 영어로 이야기해요. 제 아내는 한국어를 잘 못해요.

Διάλογος ❷

Μίνα: Ποια είναι αυτή;
퍄 이네 아프띠?

Γιώργος: Είναι η Μελέκ.
이네 이 멜렉.

Μίνα: Είναι Ελληνίδα;
이네 엘리니다?

Γιώργος: Όχι, είναι Τουρκάλα.
오히, 이네 뚜르깔라.

Μίνα: Τι γλώσσα μιλάει;
띠 글로사 밀라이?

Γιώργος: Μιλάει τουρκικά, αγγλικά και ελληνικά.
밀라이 뚜르키까, 앙글리까 께 엘리니까.

Μίνα: Δουλεύει;
둘레비?

Γιώργος: Όχι, είναι φοιτήτρια.
오히, 이네 피띠뜨리아.

민아:	이 사람(여성)은 누구입니까?
요르고스:	멜렉이에요.
민아:	그리스 사람(여성)이에요?
요르고스:	아니요, 터키 사람(여성)이에요.
민아:	(그녀는) 어떤 언어를 하나요?
요르고스:	터키어, 영어, 그리스어를 해요.
민아:	일을 하나요?
요르고스:	아니요, 대학생이에요.

Διάλογος ❸

με + 목적격 ~와 (함께)

αλλά 하지만, 그러나

(το) σχολείο 학교

Σοφία: **Τι γλώσσα μιλάτε στον Λίβανο;**
띠 글로사 밀라떼 스똔 리바노?

Ραμί: **Στον Λίβανο μιλάμε αραβικά και γαλλικά.**
스똔 리바노 밀라메 아라비까 께 갈리까.

Εγώ μιλάω γαλλικά με τη μητέρα μου και αραβικά με τον
에고 밀라오 갈리까 메 띠 미떼라 무 께 아라비까 메 똔

πατέρα μου.
빠데라 무.

Η γυναίκα μου, η Νατάσα, και ο γιος μας μιλάνε ελληνικά.
이 기네까 무, 이 나타사, 께 오 요스 마스 밀라네 엘리니까.

Αλλά στο σχολείο το παιδί μιλάει αγγλικά.
알라 스또 스홀리오 또 뻬디 밀라이 앙글리까.

Σοφία: **Πω πω!**
뽀 뽀!

소피아: 레바논에서는 어떤 언어를 사용하나요?

라미: 레바논에서는 아랍어와 불어를 써요. 저는 어머니와는 불어를 쓰고 아버지와는 아랍어로 이야기해요. 제 아내 나타샤와 아들은 그리스어로 대화하죠. 하지만 아들은 학교에서 영어를 써요.

소피아: 세상에!

ασκήσεις

1 <보기>와 같이 다음 주어진 단어들을 활용해 문장을 만들어 보세요.

─────────────┤ 보기 ├─────────────

Η Εριέτα – Αλβανία, αλβανικά

→ Η Εριέτα είναι Αλβανίδα και μιλάει αλβανικά.
  에리에타는 알바니아인이고 알바니아어를 합니다.

──────────────────────────────

1 Ο Γιώργος – Ελλάδα, ελληνικά

  → ---

2 Η Κατερίνα – Ελλάδα, ελληνικά

  → ---

3 Ο Μίνσου – Κορέα, κορεατικά

  → ---

4 Η Σούμη – Κορέα, κορεατικά

  → ---

5 Η Ακίκο – Ιαπωνία, ιαπωνικά

  → ---

6 Η Μελέκ – Τουρκία, τουρκικά

  → ---

2 다음 국적을 보고 그 나라에서 쓰는 언어를 <보기>에서 찾아 쓰세요.

─────────────┤ 보기 ├─────────────

κορεατικά ρωσικά ελληνικά κινεζικά ισπανικά

──────────────────────────────

1 Ισπανός / Ισπανίδα   ----------------------------------

2 Κινέζος / Κινέζα   ----------------------------------

3 Ρώσος / Ρωσίδα   ----------------------------------

4 Κορεάτης / Κορεάτισσα   ----------------------------------

5 Έλληνας / Ελληνίδα   ----------------------------------

3 다음 동사의 현재형 변화를 쓰세요.

1 μιλάω

→ ....

2 αγαπάω

→ ....

3 ρωτάω

→ ....

4 ξυπνάω

→ ....

5 απαντάω

→ ....

4 다음 빈칸에 들어갈 알맞은 동사의 현재형을 쓰세요.

1 Η Σοφία .... τον Αλέκο. (αγαπάω)

2 Η Σοφία και ο Αλέκος .... αργά το σαββατοκύριακο. (ξυπνάω)

3 Εγώ .... πολύ καλά αγγλικά. (μιλάω)

4 Εσύ .... καλά ελληνικά; (μιλάω)

5 Εσείς .... την Ελλάδα; (αγαπάω)

6 Αυτοί .... τη βοήθειά μας. (ζητάω)

αργά 늦게. 천천히

(η) βοήθεια 도움

ζητάω βοήθεια 도움을 청하다

63

제안하기 우리 커피 마시러 갈까요?

Πάμε για καφέ;

διάλογος 🎧 6-1

λεξιλόγιο

Μαρία: Ο Παύλος δεν είναι το πρωί στο σπίτι του. Πού πάει;
오 파블로스 덴 이네 또 쁘로이 스또 스삐띠.뚜. 뿌 파이?

Νίκος: Το πρωί πάμε μαζί για καφέ. Μετά, εγώ πάω στη δουλειά
μου και ο Παύλος ψάχνει για δουλειά.
또 쁘로이 빠메 마지 야 카페. 메따, 에고 빠오 스띠 둘랴 무 께 오 파블로스 프사흐니 야
둘랴.

Μαρία: Τι δουλειά;
띠 둘랴?

Νίκος: Ο Παύλος είναι καθηγητής αγγλικών, αλλά δεν έχει δουλειά.
오 파블로스 이네 까티기띠스 앙글리꼰, 알라 덴 에히 둘랴.

Μαρία: Και το βράδυ τι κάνετε; Πού πάτε;
께 또 브라디 띠 까네떼? 뿌 빠떼?

Νίκος: Το βράδυ πάμε βόλτα.
또 브라디 빠메 볼따.

(το) πρωί 아침

πού 어디

πάω = πηγαίνω 가다

μαζί 같이, 함께

για καφέ 커피를 마시러

μετά 다음에, ~후에

(η) δουλειά 일, 직장

ψάχνω 찾다

**(ο) καθηγητής /
(η) καθηγήτρια**
선생님, 교수님

(το) βράδυ 저녁

(η) βόλτα 산책, 외출

마리아: 파블로스는 아침에 집에 없어요. 어디에 가나요?
니코스: 아침에 우리는 같이 커피를 마시러 가요. 그 다음에 저는 제 직장으로 가고
파블로스는 일자리를 찾으러 가요.
마리아: 무슨 일이요?
니코스: 파블로스는 영어 선생님인데, 지금 일이 없거든요.
마리아: 그럼 저녁에는 뭐 하세요? 어디 가시나요?
니코스: 저녁에 우리는 산책을 가요.

γραμματική

● 불규칙 동사

아래 동사의 어미변화는 규칙적으로 보이지만 시제가 달라지면 불규칙 변화를 하게 되므로 현재형부터 차근히 익숙해지도록 연습합니다. 사용빈도가 높은 동사인 만큼 매우 중요합니다. 초급 단계에서는 네 개의 동사만 잘 익혀두도록 합니다.

가다	먹다	말하다	듣다	어미변화
πάω	τρώω	λέω	ακούω	-ω
πας	τρως	λες	ακούς	-ς
πάει	τρώει	λέει	ακούει	-ει
πάμε	τρώμε	λέμε	ακούμε	-με
πάτε	τρώτε	λέτε	ακούτε	-τε
πάνε	τρώνε	λένε	ακούνε	-νε

● 명사의 목적격

4과에서 배운 명사의 주격에 이어 목적어에 쓰이는 목적격 형태를 살펴보겠습니다. 주격과 비교해서 특징적인 변화는 남성명사의 목적격입니다. 여성과 중성은 정관사 변화를 제외하면 주격과 목적격의 변화가 없습니다. 표에서 확인할 수 있듯이 남성명사의 목적격 형태는 주격에서 마지막 시그마(ς)가 없어집니다.

구분		남성명사		여성명사		중성명사
주격	ο	φίλος 친구 πατέρας 아버지 φοιτητής 대학생 Γιώργος Κώστας Γιάννης	η	φίλη 친구 μητέρα 어머니 Ζωή Μαρία	το	βιβλίο 책 παιδί 어린이 μάθημα 수업

구분	남성명사		여성명사		중성명사
목적격	τον	φίλο πατέρα φοιτητή	τη(ν)*	φίλη μητέρα	το	βιβλίο παιδί μάθημα
		Γιώργο Κώστα Γιάννη		Ζωή Μαρία		

<table>
<tr><td colspan="2">

TIP

여성 목적격 정관사 τη(ν)에서 ν를 쓰는 경우가 있고 쓰지 않는 경우가 있습니다.

정관사 여성 목적격 την, 여성 인칭대명사 αύτην, δεν과 μην은 다음과 같은 규칙에 따라 ν를 생략합니다.

마지막 ν를 생략하는 조건은 바로 뒤에 자음 β, δ, γ, φ, θ, χ, μ, ν, λ, ρ, σ, ζ가 올 때입니다.

남성 정관사 τον, 남성 부정관사 έναν 그리고 정관사 소유격 των, 남성 인칭대명사 αυτόν과 불변화사 σαν은 위의 규칙과 관계없이 항상 마지막에 ν를 씁니다.
</td></tr>
</table>

목적격을 배우고 나면 다음과 같이 '주어 + 동사 + 목적어'의 문장을 구성할 수 있게 됩니다. 한국어의 어순과 달리 동사가 먼저 나온다는 점을 기억해야 합니다. 목적어를 쓸 때는 반드시 명사가 목적격으로 변해야 하는 한국어와 다른 메커니즘에 주의합니다.

주어	동사	목적어
Ο Γιάννης	περιμένει	τον Δημήτρη.
야니스는	기다린다	디미트리를
야니스는 디미트리를 기다린다.		

● 목적격 (αιτιατική)

동사의 목적어가 되는 명사 앞에서 목적격 정관사/부정관사가 사용됩니다. 명사 역시 목적격 형태로 변화하므로 변화형태를 잘 익혀 둡시다.

TIP

목적격 단수명사의 경우 남성명사는 변화가 있지만 여성명사와 중성명사의 경우는 관사만 달라질 뿐 명사의 형태는 주격과 동일합니다.

Βάφω τον τοίχο.   나는 벽을 칠한다.
    동사 + 목적격
    → ο τοίχος의 목적격 = τον τοίχο로 변경

Φτιάχνω μία τούρτα.   나는 케이크(하나)를 만든다.
    동사 + 목적격
    → μία τούρτα의 목적격 = μία τούρτα

Γράφω ένα γράμμα.   나는 편지를 한 통 쓴다.
    동사 + 목적격
    → ένα γράμμα의 목적격 = ένα γράμμα (주격과 목적격 형태가 같음)

εκφράσεις

● 목적격을 사용하는 전치사 표현

그리스어에서 '어디/어디에서/어디로'에 해당하는 표현은 특정 전치사와 목적격이 반드시 함께 사용되기 때문에 짝으로 익혀두는 것이 좋습니다.

• σε* + τον → **στον**
• σε + την → **στην**
• σε + το → **στο**

Πάω **στον** Πειραιά.   나는 피레우스에 간다.
Είμαι **στην** Ακρόπολη.   나는 아크로폴리스에 있다.
Μένω **στο** κέντρο.   나는 시내에 산다.

με, σε, για, από + 목적격

		με	~와 함께
	τον	**σε**	~에, ~(으)로
με/σε/για/από +	την	**για**	~를 위해
	το	**από**	~로부터*

περπατάω 걷다

(η) παραλία 해변

με τα πόδια 걸어서

αγοράζω 사다

(το) εισιτήριο 표

(το) μετρό 메트로

(ο) Καναδάς 캐나다

(το) λεωφορείο 버스

περνάω 지나가다

(η) πλατεία 광장

(η) πλατεία Συντάγματος
신타그마 광장(아테네 관광의 출발점이라 해도 과언이 아닌 아테네 시내 중심지에 있는 광장)

Περπατάω στην παραλία με την Μαρία.
나는 마리아와 함께 해변을 걷는다.

Μένω στην Κορέα.
나는 한국에 살고 있다.

Πάμε στο σπίτι με τα πόδια.
우리는 집에 걸어서 간다.

Αγοράζω ένα εισιτήριο για το μετρό.
나는 지하철(을 타기위해) 표를 하나 산다.

Είμαι από τον Καναδά.
나는 캐나다에서 왔다.

Το λεωφορείο περνάει από την πλατεία Συντάγματος.
이 버스는 신타그마 광장을 지나간다.

● 교통수단

Πού πας;	어디에 가요?
Πώς πας;	어떻게 가요?

Πάω στο κέντρο

με το λεωφορείο.
나는 시내에 버스를 타고(버스로) 간다.

Πάω στο σπίτι

με το μετρό.
나는 지하철로 집에 간다.

με το αυτοκίνητο.
나는 자동차로 집에 간다.

με τη μηχανή.
나는 오토바이로 집에 간다.

με το ποδήλατο.
나는 자전거로 집에 간다.

με ταξί.
나는 택시로 집에 간다.

με τα πόδια.
나는 걸어서 집에 간다.

Πάω στην Ελλάδα

με το αεροπλάνο.
나는 비행기로 그리스에 간다.

Πάω στη Θεσσαλονίκη με το τρένο.
나는 기차로 테살로니키에 간다.

Πάω στη Σαντορίνη

με το πλοίο.
나는 배로 산토리니에 간다.

διάλογοι · 6-3

Διάλογος 1

Γιώργος: Ζωή!
조이!

μιλάω στο τηλέφωνο
나는 통화 중이다

(το) τηλέφωνο 전화

ένα λεπτό 잠깐만

κάτι 무언가

λοιπόν 그러면

Ζωή: Τι θέλεις, Γιώργο; Μιλάω στο τηλέφωνο με τον Μίνσου.
띠 뗄리스, 요르고? 밀라오 스또 띨레포노 메 똔 민수.

Γιώργος: Εγώ πεινάω πολύ. Εσύ δεν πεινάς; Πάμε για φαγητό;
에고 삐나오 뽈리. 에씨 덴 삐나스? 빠메 야 파기또?

Ζωή: Δεν καταλαβαίνω τι ρωτάς!
덴 까딸라베노 띠 로따스!

Γιώργος: Εσύ δεν πεινάς;
에씨 덴 삐나스?

Ζωή: Ένα λεπτό, Μίνσου, ο Γιώργος ρωτάει κάτι.
에나 렙또, 민수, 오 요르고스 로따이 까띠.

Ναι. Γιώργο, πεινάω και διψάω.
네. 요르고, 삐나오 께 딥사오.

Γιώργος: Πάμε, λοιπόν, για φαγητό!
빠메, 리뽄, 야 파기또!

요르고스:	조이!
조이:	무슨 일이야, 요르고? 나 민수랑 통화 중인데.
요르고스:	나 너무 배고파. 너는 배 안 고파? 밥 먹으러 갈래?
조이:	뭐라고 하는 건지 잘 안 들려!
요르고스:	너는 배 안 고파?
조이:	잠깐만, 민수야, 요르고스가 뭘 물어봐서. 그래. 요르고, 나 배고프고 목말라.
요르고스:	그럼 밥 먹으러 가자!

Διάλογος 2

πηγαίνω = πάω 가다

(το) κέντρο 센터, 시내

(το) ραντεβού 약속

(το) λουλούδι 꽃

Πέτρος: Πού πηγαίνεις, Μίνσου;
뿌 삐게니스, 민수?

Μίνσου: Πάω στο κέντρο. Έχω ραντεβού.
빠오 스또 껜드로. 에호 란데부.

Πέτρος: Κι εγώ πάω στο κέντρο! Για ποιον είναι τα λουλούδια;
끼 에고 빠오 스또 껜드로! 야 피온 이네 따 룰루디아?

Μίνσου: Για τη φίλη μου, την Ελένη. Έχει γενέθλια.
야 띠 필리 무, 띤 엘레니. 에히 게네틀리아.

Μήπως έχεις εισιτήριο για το λεωφορείο;
미쁘스 에히스 이시띠리오 야 또 레오포리오?

Πέτρος: Μμμμ... δεν έχω, όμως πηγαίνω στο κέντρο με αυτοκίνητο.
엠... 덴 에호, 오모스 삐게노 스또 껜드로 메 아프토끼니또.

Θα σε πάω!
타 세 빠오!

Μίνσου: Ευχαριστώ πολύ!
에프하리스또 뽈리!

(η) φίλη 친구(여)

(τα) γενέθλια 생일

μήπως 혹시

페트로스: 민수야, 어디 가?

민수: 시내에 가. 약속이 있어서.

페트로스: 나도 시내에 가는데! 그 꽃은 누구 주려고?

민수: 내 친구 엘레니한테 주려고. 생일이거든. 혹시 버스표 있어?

페트로스: 음... 없는데, 그런데 나 시내에 차로 갈 거야. 내가 태워줄게!

민수: 정말 고마워!

Διάλογος ❸

Άλεξ: Γεια σου, είμαι ο Άλεξ. Από πού είσαι;
야수, 이메 오 알렉스. 아뽀 뿌 이세?

Όλγα: Είμαι από τη Ρωσία, με λένε Όλγα. Εσύ από πού είσαι;
이메 아뽀 띠 로시아, 멜 레네 올가. 에씨, 아뽀 뿌 이세?

Άλεξ: Είμαι από τη Γαλλία, αλλά τώρα μένω στην Ελλάδα και μαθαίνω ελληνικά στο πανεπιστήμιο.
이메 아뽀 띠 갈리아, 알라 또라 메노 스띤 엘라다 께 마테노 엘리니까 스또 빠네삐스티미오.

Όλγα: Πώς πας στο πανεπιστήμιο;
뽀스 빠스 스또 빠네삐스띠미오?

Άλεξ: Με το ποδήλατο.
메 또 뽀딜라또.

알렉스: 안녕, 나는 알렉스라고 해. 너는 어느 나라에서 왔어?

올가: 나는 러시아에서 왔어. 너는 어디서 왔어?

알렉스: 나는 프랑스에서 왔어. 그런데 지금은 그리스에 살면서 대학교에서 그리스어를 배우고 있어.

올가: 너는 대학교에 어떻게 가니?

알렉스: 자전거를 타고 가.

ασκήσεις

1 다음 동사의 현재형 어미변화를 쓰세요.

1 περνάω

→ --

2 ρωτάω

→ --

3 διψάω

→ --

4 αγαπάω

→ --

5 απαντάω

→ --

6 τρώω

→ --

7 ακούω

→ --

8 λέω

→ --

2 <보기>와 같이 주어진 단어를 활용하여 다음 문장의 목적어를 쓰세요.

TIP
먼저 관사를 보고 목적어가 될 명
사의 성을 확인하세요. 그 후 해당
명사가 목적격으로 어떻게 변하
는지 생각합니다. 남성형에 특히
주의하세요!

───────────────┤ 보기 ├───────────────

Η Ελένη θέλει τον λογαριασμό.
(ο λογαριασμός 영수증)
엘레니는 영수증을 원한다.

─────────────────────────────────────

1 Ο Μίνσου ξέρει _____.
   (ο Γιάννης)

2 Η Μαρία και ο Γιώργος ψάχνουν _____.
   (η στάση 정류장)

3 Η Κατερίνα ψάχνει _____.
   (η Αγγελική)

4 Οι γονείς μου ξέρουν _____.
   (ο κύριος Νίκος)

5 Το παιδί τρώει _____.
   (το παγωτό 아이스크림)

6 Εμείς διαβάζουμε και γράφουμε _____.
   (η άσκηση 숙제, 연습문제)

7 Βλέπετε _____;
   (το βιβλιοπωλείο 서점)

8 Ο Πέτρος περιμένει _____ στο μπαρ.
   (η Ελένη)

9 Η Μαρία αγαπάει _____.
   (ο Βασίλης)

10 Ο Βασίλης αγαπάει _____.
   (η Σοφία)

θέλω 원하다

ξέρω 알다

ψάχνω 찾고 있다

τρώω 먹다

διαβάζω 읽다 / 공부하다

γράφω 쓰다

βλέπω 보다

περιμένω 기다리다

αγαπάω 사랑하다

3 다음 주어진 단어를 연결하여 문장을 만들어 보세요.

A	B	Γ
1 Τι ώρα	το λένε αυτό	κλασική μουσική;
2 Η Σούζιν	για καφέ	κάθε Σάββατο.
3 Πάμε	μιλάει	το βράδυ;
4 Εσείς	τρώτε	στα ελληνικά;
5 Πώς	ακούτε	κορεατικά και αγγλικά.

Τι ώρα 몇 시

πώς 어떻게

Πώς το λέτε/Πώς λέγεται αυτό στα (언어이름) ~로 이것을 뭐라고 하나요?

(η) κλασική μουσική 클래식 음악

κάθε ~마다
(κάθε μέρα 매일
κάθε εβδομάδα 매주 등)

κάθε Σάββατο 토요일마다

(το) βράδυ 저녁

στα ελληνικά 그리스어로

(τα) ελληνικά 그리스어

(τα) κορεατικά 한국어

(τα) αγγλικά 영어

4 다음 빈칸에 주어진 단어의 알맞은 동사 변화형을 쓰세요.

1 Πού _____ αυτό το λεωφορείο; (πάω)

2 Μην τον πιστεύεις! _____ ψέματα! (λέω)

3 Δεν _____ στο σχολείο σήμερα, γιατί είμαι άρρωστος. (πηγαίνω)

4 Τα παιδιά _____ (τρώω) και _____ (ακούω) τις ιστορίες που _____ (λέω) η γιαγιά.

5 Τα παιδιά _____ (πεινάω) και _____ (διψάω).

물건 사기   무엇이 필요하세요?

Τι θέλετε παρακαλώ;

διάλογος

🎧 7-1

Αναστασία: **Χαίρετε!**
헤레떼!

Περιπτέρας: **Ορίστε. Τι θέλετε παρακαλώ;**
오리스떼. 띠 뗄레떼 빠라깔로?

Αναστασία : **Θα ήθελα μια εφημερίδα.**
따 이뗄라 먀 에피메리다.

Περιπτέρας: **Τι εφημερίδα θέλετε;**
띠 에피메리다 뗄레떼?

Αναστασία: **Θα ήθελα την «Καθημερινή».**
따 이뗄라 띤 카티메리니.

Περιπτέρας: **Μάλιστα. Ορίστε! Θέλετε κάτι άλλο;**
말리스타. 오리스떼! 뗄레떼 까띠 알로?

Αναστασία: **Ναι, έναν αναπτήρα και δύο πακέτα τσίχλες. Πόσο κάνουν;**
네, 에난 아납띠라 께 디오 빠케따 치흘레스. 뽀소 까눈?

Περιπτέρας: **Όλα μαζί 7 ευρώ.**
올라 마지 에프타 에브로.

아나스타시아: 안녕하세요!

뻬립떼로 주인: 어서오세요. 무엇을 드릴까요?

아나스타시아: 신문을 하나 사고 싶어요.

뻬립떼로 주인: 어떤 신문을 드릴까요?

아나스타시아: 카티메리니(그리스 유력 신문사)로 주세요.

뻬립떼로 주인: 알겠습니다. 여기 있어요! 다른 더 필요한 건 없으세요?

아나스타시아: 네, 라이터 하나랑 껌 두 통 주세요. 얼마인가요?

뻬립떼로 주인: 다 해서 7유로입니다.

λεξιλόγιο

Χαίρετε!
안녕하세요! / 반갑습니다!

Ορίστε!
여기 있습니다! / 여보세요!

Τι θέλετε;
무엇을 원하세요?

Παρακαλώ
부탁드립니다, 잠시만요

θα ήθελα 저는 ~을 원해요

(η) εφημερίδα 신문

Μάλιστα
알겠습니다 / 그렇군요

θέλω ~을 원하다

(ο) αναπτήρας 라이터

(το) πακέτο 상자, 통

(η) τσίχλα 껌

Πόσο κάνουν; (이것들
은) 얼마인가요? (복수일 때)

όλα μαζί
모두 함께 (중성명사 복수)

Tip
όλοι μαζί 남성명사
όλες μαζί 여성명사
όλα μαζί 중성명사

γραμματική

● 명사의 복수형 (주격, 목적격)

주어 (ΥΠΟΚΕΙΜΕΝΟ)	동사 (ΡΗΜΑ)	목적어 (ΑΝΤΙΚΕΙΜΕΝΟ)
Ο Γιώργος 요르고스는	έχει (가지고) 있다	δύο **αδέλφια**, έναν αδελφό και μία αδελφή. 두 명의 형제, 남동생 하나와 여동생 하나를.
Η κυρία Παυλίδη 파블리디 부인은		τρία **παιδιά**, δύο **γιους** και μία κόρη. 아이 셋, 두 아들과 딸 하나를.

〈남성〉

구분		**-ος**		**-ας**		**-ης**
단수	ο τον	αδελφ**ός** αδελφ**ό**	ο τον	άντρ**ας** άντρ**α**	ο τον	φοιτητ**ής** φοιτητ**ή**
복수	οι τους	αδελφ**οί** αδελφ**ούς**	οι τους	άντρ**ες** άντρ**ες**	οι τους	φοιτητ**ές** φοιτητ**ές**

〈여성〉

구분		**-α**		**-η**
단수	η την	γυναίκ**α** γυναίκ**α**	η την	αδελφ**ή** αδελφ**ή**
복수	οι τις	γυναίκ**ες** γυναίκ**ες**	οι τις	αδελφ**ές** αδελφ**ές**

〈중성〉

구분		**-ο**		**-ι**		**-μα**
단수	το το	βιβλί**ο** βιβλί**ο**	το το	παιδ**ί** παιδ**ί**	το το	μάθη**μα** μάθη**μα**
복수	τα τα	βιβλί**α** βιβλί**α**	τα τα	παιδ**ιά** παιδ**ιά**	τα τα	μαθή**ματα** μαθή**ματα**

● 부정관사

부정관사는 영어의 a/an에 해당합니다. 정관사와 달리 고유한 것이 아닌 일반적인 사물 앞에 '어떤/하나의'라는 의미로 사용합니다. 여기서는 주격과 목적격을 살펴보겠습니다.

구분	남성		여성		중성	
주격	ένας	φίλος άντρας χάρτης	μια	κοπέλα φίλη	ένα	τηλέφωνο τραπέζι πρόβλημα
목적격	έναν	φίλο άντρα χάρτη	μια	κοπέλα φίλη	ένα	τηλέφωνο τραπέζι πρόβλημα

표에서 볼 수 있듯이 주격과 목적격의 부정관사 형태는 남성을 제외하고 모두 같습니다. 따라서 남성 부정관사 목적격에서 ένας가 έναν이 된다는 점과 목적격이 되면서 남성 명사의 맨 뒤 시그마(ς)가 없어진다는 점을 주의해서 연습하도록 합니다.

앞서 공부했듯이 그리스어의 명사에는 남성, 여성, 중성이 있고 격변화를 합니다. 따라서 형용사도 명사의 성과 격에 따라 변화하게 됩니다. 숫자는 대체로 명사의 성과 관계없이 모두 동일하게 사용하지만 '한 명', '한 개'처럼 숫자를 세어 말하는 경우, 성에 따라 다르게 사용하는 숫자들이 있는데, 바로 1, 3, 4입니다. 성별로 형태가 완전히 다른 1과, 남성과 여성의 형태가 같은 3, 4의 주격과 목적격을 살펴보면 다음과 같습니다.

구분		남성	여성	중성
1	주격	ένας (άντρας) 한 남자가 / 남자 한 명이	μία (γυναίκα) 한 여자가 / 여자 한 명이	ένα (παιδί) 한 아이가 / 아이 하나가
	목적격	έναν (άντρα) 한 남자를 / 남자 한 명을	μία (γυναίκα) 한 여자를 / 여자 한 명을	ένα (παιδί) 한 아이를 / 아이 한 명을
3	주격	τρεις (άντρες) 세 남자가 / 남자 셋이	τρεις (γυναίκες) 세 여자가 / 여자 셋이	τρία (παιδιά) 세 아이가 / 아이 셋이
	목적격	τρεις (άντρες) 세 남자를 / 남자 셋을	τρεις (γυναίκες) 세 여자를 / 여자 셋을	τρία (παιδιά) 세 아이를 / 아이 셋을
4	주격	τέσσερις (άντρες) 네 남자가 / 남자 넷이	τέσσερις (γυναίκες) 네 여자가 / 여자 넷이	τέσσερα (παιδιά) 네 아이가 / 아이 넷이
	목적격	τέσσερις (άντρες) 네 남자를 / 남자 넷을	τέσσερις (γυναίκες) 네 여자를 / 여자 넷을	τέσσερα (παιδιά) 네 아이를 / 아이 넷을

εκφράσεις

Πόσο κάνει 주격~;	~는 얼마입니까?

| Πόσο κάνει ο χυμός; | 이 주스는 얼마입니까?
(화자와 청자 모두 특정 주스를 인지) |
| Πόσο κάνει ένας χυμός; | 주스 한 잔에 얼마입니까?
(일반적인 주스를 지칭) |

Πόσο κάνουν 주격 복수;	~들은 얼마입니까?

| Πόσο κάνουν οι χυμοί; | 이 주스들은 얼마입니까? |

Θέλω/Θα ήθελα 목적격.	저는 ~을 원합니다(주세요).

| Θέλω έναν αναπτήρα. | 라이터 하나 주세요. |
| Θέλω τον αναπτήρα μου. | 제 라이터 주세요. |

Πόσο κάνουν όλα;	모두 얼마입니까?
Έχετε ψιλά;	잔돈 있으세요?
Ορίστε.	여기 있습니다.
Τα ρέστα σας.	거스름돈입니다.
Κάτι άλλο;	다른 거는요 (필요하세요)?

διάλογοι/κείμενα

7-3

Διάλογος ❶

Σερβιτόρος: Είστε έτοιμοι;

이스떼 에띠미?

Νίκος: Ναι. Εγώ θέλω έναν ελληνικό καφέ σκέτο και μια πάστα σοκολάτα.

네. 에고 뗄로 에난 엘리니코 카페 스께또 께 먀 파스타 소콜라타.

Σοφία: Εγώ θα ήθελα ένα φραπέ μέτριο με γάλα και έναν μπακλαβά.

에고 싸 이쎌라 에나 프라뻬 메뜨리오 메 갈라 께 에난 바클라바.

Σερβιτόρος: Θέλετε κάτι άλλο;

뗄레떼 까띠 알로?

Νίκος: Όχι, είμαστε εντάξει.

오히, 이마스떼 엔닥시.

> 웨이터: (주문할) 준비되셨나요?
> 니코스: 네. 저는 그릭커피 설탕 없이 한 잔이랑 초콜릿 케이크 한 조각 주세요.
> 소피아: 저는 중간 정도 설탕과 우유를 넣은 프라페 한 잔이랑 바클라바 한 조각 주세요.
> 웨이터: 다른 건 더 필요 없으시고요?
> 니코스: 네, 괜찮습니다.

Διάλογος ❷

Μίνσου: Καλημέρα, Σοφία. Έχεις χρόνο το Σάββατο βράδυ;

깔리메라, 소피아. 에히스 흐로노 또 사바또 브라디?

Σοφία: Γιατί;

야띠?

Μίνσου: Έχω δύο εισιτήρια για μια συναυλία. Είναι στην Τεχνόπολη, στο Γκάζι.

에호 디오 이시띠리아 야 먀 시나블리아. 이네 스띤 테흐노뽈리, 스또 가지.

Σοφία: Ποιος τραγουδάει;

표스 뜨라구다이?

Μίνσου: Είναι μια συναυλία με τζαζ μουσική. Ακούς τζαζ;

이네 먀 시나블리아 메 자즈 무시키. 아꾸스 자즈?

έτοιμος/η/ο 준비된

εντάξει (상황에 따라) 괜찮
습니다, 알겠어요, 그래

έχεις χρόνο;
(너) 시간이 있어?

(η) συναυλία
콘서트, 음악회

τραγουδάω/ώ
노래하다

έρχομαι
(상황에 따라) 갈게, 가고 있어

Σοφία: **Ναι, μου αρέσει! Έρχομαι!**

네, 무 아레씨! 엘호메!

Μίνσου: **Εντάξει, έγινε!**

엔닥시, 에기네!

민수:	안녕, 소피아. 토요일 저녁에 시간 있어?
소피아:	왜?
민수:	콘서트 티켓이 두 장 생겨서. 가지에 있는 테크노폴리스에서 하는 거야.
소피아:	누가 노래를 불러(가수가 누구야)?
민수:	재즈 음악 콘서트야. 재즈 좋아해?
소피아:	응, 좋아해! 같이 갈게!
민수:	그래, 알겠어!

Κείμενο ❸

Το περίπτερο στην Ελλάδα είναι ένα μικρό σούπερ-μάρκετ! Εκεί αγοράζεις τσιγάρα, αναπτήρες, εφημερίδες, περιοδικά, τηλεκάρτες, καραμέλες, τσίχλες, σοκολάτες, πατατάκια, παγωτά, αναψυκτικά, νερό, γάλα, γιαούρτι... και ό,τι άλλο θέλεις.

또 뻬립떼로 스띤 엘라다 이네 에나 미끄로 수뻴-마르켓! 에끼 아고라지스 치가라, 아납띠레스, 에피메리데스, 페리오디까, 띨레까르페스, 카라멜레스, 치흘레스, 소콜라테스, 빠따따키아, 빠고따, 아나프식띠까, 네로, 갈라, 야우르띠... 께 오띠 알로 뗄리스.

그리스의 키오스크는 작은 슈퍼마켓입니다! 거기서는 담배, 라이터, 신문, 잡지, 전화카드, 사탕, 껌, 초콜릿, 감자칩, 아이스크림, 음료수, 물, 우유, 요거트... 그리고 뭐든지 원하는 걸 살 수 있어요.

ασκήσεις

1 다음 단어의 복수형태를 찾아 번호를 쓰세요.

1	ο άντρας	......	τα εισιτήρια
2	ο υπάλληλος	......	οι αδελφές
3	τη θεία	......	τους δασκάλους
4	η αδελφή	......	τα παιδιά
5	το εισιτήριο	......	τις θείες
6	το γράμμα	......	τα βιβλία
7	το βιβλίο	......	οι άντρες
8	τον μαθητή	......	τα γράμματα
9	τον δάσκαλο	......	τους μαθητές
10	το παιδί	......	οι υπάλληλοι

2 다음 빈칸에 들어갈 알맞은 부정관사를 고르세요.

1 Θα ήθελα _____ κόκα κόλα. (η κόκα κόλα 코카콜라)

   (α) μια   (β) ένα   (γ) έναν

2 Θέλω _____ εφημερίδα. (η εφημερίδα)

   (α) μια   (β) ένας   (γ) έναν

3 Θα ήθελα _____ πακέτο μπισκότα. (το πακέτο)

   (α) ένας   (β) έναν   (γ) ένα

4 Θα ήθελα _____ αναπτήρα. (ο αναπτήρας)

    (α) μια   (β) έναν   (γ) ένα

5 Θέλω _____ ελληνικό καφέ. (ο καφές)

    (α) μια   (β) ένας   (γ) έναν

3 다음 문장의 빈칸에 들어갈 알맞은 관사 또는 부정관사를 <보기>에서 활용하여 넣으세요. (<보기>의 관사와 부정관사는 주격으로 제시)

—————| 보기 |—————

ο   η   το   ένας   μια   ένα

1 Θέλεις _____ χυμό πορτοκάλι;

2 Πηγαίνω στη δουλειά μου με _____ αυτοκίνητο.

3 Πηγαίνω συχνά σ _____ κινηματογράφο.

4 Θέλω _____ ταινία του Γούντι Άλεν.

5 Θέλω _____ ταινία «Η Χάνα και οι αδελφές της» του Γούντι Άλεν.

6 Ο Πάνος έχει _____ καφενείο στο κέντρο.

7 Αυτή είναι _____ εφημερίδα της Σοφίας.

8 Πού είναι _____ φίλος σου ο Νίκος;

9 _____ μαθητής σε περιμένει στην πόρτα. Τον ξέρεις;

10 Η Νάντια δουλεύει σε _____ μαγαζί στην Αθήνα.

4 <보기>와 같이 다음 주어진 단어의 가격을 묻는 질문을 완성해 보세요.

┤ 보기 ├

χυμός (2) → πόσο κάνουν δύο χυμοί;

---

1 λεμονάδα (3) 레몬에이드

→ ....

2 παγωτό (7) 아이스크림

→ ....

3 γραμματόσημο (6) 우표

→ ....

4 καραμέλα (5) 사탕

→ ....

5 ψωμί (1) 빵

→ ....

6 αναπτήρας (1) 라이터

→ ....

7 τυρόπιτα (4) 치즈파이

→ ....

8 νερό (3) 물

→ ....

9 περιοδικό (2) 잡지

→ ....

ΜΑΘΗΜΑ 08

주문하기 카페에서

Στο καφέ

λεξιλόγιο

παρακαλώ
무엇을 드릴까요?

✏️ TIP

παρακαλώ는 상황에 따라 다양한 의미로 사용되는 동사입니다. 예를 들어, 영어의 please처럼 청원의 의미인 '부탁드립니다', 전화 통화 시의 '여보세요', 식당이나 카페에서 종업원의 '무엇을 드릴까요?'처럼 다양한 의미로 사용합니다. 그리고 상대방이 감사를 표현할 때 대답으로 '천만에요, 아니에요'의 의미로도 사용합니다.

μπορώ
~할 수 있다 (영어의 I can에 해당하는 표현)

έχω ~을 가지고 있다

(ο) κατάλογος 메뉴

φυσικά! 물론이죠!

ορίστε
여기 있습니다, 여보세요 등

θα ήθελα 나는 ~을 원한다
(영어의 I want sth.에 해당하는 표현)

**(ο) ελληνικός
(καφές)** 그릭커피

μέτριος/α/ο
중간의 / 평범한

γλυκός/ιά/ό 달콤한

σκέτος/η/ο
아무것도 없이 / 있는 그대로

φυσικός/ή/ό
신선한, 자연 그대로의

διάλογος

🎧 8-1

Σερβιτόρος: **Καλημέρα σας. Παρακαλώ!**
깔리메라 사스. 빠라갈로!

Γιώργος: **Μπορούμε να έχουμε έναν κατάλογο;**
보루메 나 에후메 에난 카탈로고?

Σερβιτόρος: **Φυσικά! Ορίστε.**
피시카! 오리스떼.

Γιώργος: **Θα ήθελα έναν ελληνικό μέτριο. Εσύ, Κατερίνα, τι θέλεις;**
따 이뗄라 에난 엘리니꼬 메트리오. 에시, 카테리나, 띠 뗄리스?

Κατερίνα: **Έναν φυσικό χυμό πορτοκάλι, παρακαλώ.**
에난 피시코 히모 뽀르또깔리, 빠라갈로.

Σερβιτόρος: **Θέλετε κάτι άλλο;**
뗄레떼 까띠 알로?

Κατερίνα: **Μμμ... ναι, και μια τυρόπιτα!**
엠... 네, 께 먀 띠로삐따!

Σερβιτόρος: **Αμέσως!**
아메소스!

웨이터: 안녕하세요. 무엇을 드릴까요!

요르고스: 저희 메뉴 좀 볼 수 있을까요?

웨이터: 물론이죠! 여기 있습니다.

요르고스: 저는 그릭커피 설탕 보통으로 한 잔 주세요. 카테리나, 너는 뭐 먹을래?

카테리나: 저는 생과일 오렌지 주스 한 잔 주세요.

웨이터: 더 필요한 건 없으세요?

카테리나: 음...네, 그리고 치즈파이 하나요!

웨이터: 바로 준비해드리겠습니다!

γραμματική

● **B2 동사의 현재형**

B2 동사는 동사의 마지막 오메가에 강세가 있는(-ώ) 동사입니다. B1 동사와의 차이점은 **어미변화의 형태**가 다르다는 점입니다(아래 Plus💡 참고). B1 동사는 -ώ와 -άω를 모두 사용할 수 있다는 점에서 형태상으로 B1과 B2가 동일하게 보이는 경우가 있기 때문에 각 유형에 해당하는 동사들을 잘 구분해 두어야 합니다.

B1	αγαπώ (○)	αγαπάω (○)
B2	μπορώ (○)	형태 없음

동사의 현재형	어미변화	예	
παρακαλ**ώ**	**-ώ**	μπορώ	할 수 있다 / 가능하다
παρακαλ**είς**	**-είς**	αργώ	늦다
παρακαλ**εί**	**-εί**	ευχαριστώ	감사하다
παρακαλ**ούμε**	**-ούμε**	τηλεφωνώ	전화를 걸다
παρακαλ**είτε**	**-είτε**	οδηγώ	운전하다
παρακαλ**ούν**	**-ούν(ε)**	συμφωνώ	찬성하다
		διαφωνώ	반대하다

Plus 💡 **그리스어 동사의 형태 구분**

그리스어 능동동사는 어미변화 형태에 따라 다음과 같이 A군과 B군으로 구분합니다.

A군	**B군**	
γράφω (강세: 끝에서 두 번째 음절)	γελώ/γελάω, θεωρώ (강세: 마지막 음절)	
	B1 (-ώ / -άω)	**B2 (-ώ)**
-ω	B1과 B2의 차이점: 어미변화가 다름. B1은 1인칭 단수 현재형 어미가 -ώ 또는 -άω로 자유롭게 사용. B2는 -ώ 만 사용	
-εις	-άω 또는 -ώ	-ώ
-ει	-άς	-είς
-ουμε	-άει 또는 -ά	-εί
-ετε	-άμε	-ούμε
-ουν	-άτε	-είτε
	-άνε 또는 -ούν(ε)	-ούν(ε)

(ο) χυμός 주스

(το) πορτοκάλι 오렌지

κάτι άλλο 또 다른 것 (영어의 something else에 해당하는 표현)

(η) τυρόπιτα 치즈파이

αμέσως 즉시, 바로

● 형용사

앞서 배운 명사와 마찬가지로 형용사에도 성, 수, 격이 똑같이 적용됩니다. 예를 들어, 명사가 남성 주격이라면 형용사도 그에 따라 변화합니다. 즉, 그리스어는 수식을 해주는 모든 문법 요소 하나하나가 성, 수, 격에 따라 함께 변화한다는 개념을 항상 유념해야 합니다. 이번 과에서는 형용사의 단수형 주격을 주로 살펴보겠습니다.

구분	남성	여성	중성
주격	-ος	-η	-ο
변화 예시	ελληνικός ζεστός καλός φυσικός	ελληνική ζεστή καλή φυσική	ελληνικό ζεστό καλό φυσικό

구분	남성	여성	중성
주격	-ος	-α	-ο
변화 예시	κρύος μέτριος ωραίος	κρύα μέτρια ωραία	κρύο μέτριο ωραίο

구분	남성	여성	중성
주격	-ος	-ια	-ο
변화 예시	γλυκός φρέσκος	γλυκιά φρέσκια	γλυκό φρέσκο

위의 표를 보면 형용사도 명사 변화와 비슷하게 어미변화 한다는 것을 알 수 있습니다. 형용사에서 주의할 것은 특히 여성형입니다. 위의 표에서 어미변화가 다른 것은 여성형 (-η, -α, -ια)이며, 이 부분을 유의하여 연습하도록 합니다.

καλός φίλος	좋은 친구
ελληνικός καφές	그릭/그리스 커피
κρύα σοκολάτα	차가운 초콜릿(아이스 코코아)
ωραία μέρα	아름다운 날
γλυκιά γυναίκα	사랑스러운 여자
κρύο νερό	차가운 물
φρέσκο γάλα	신선한 우유

εκφράσεις   8-2

● 시간 읽기

Τι ώρα είναι;   몇 시입니까?

(Η ώρα) είναι 시 **και** 분.   ~시 ~분입니다.

(Η ώρα) είναι δύο.   2시입니다.
(Η ώρα) είναι δύο και δέκα.   2시 10분입니다.
(Η ώρα) είναι τρεις και είκοσι.   3시 20분입니다.

주의 🔍

시간을 읽을 때는 숫자 그대로 읽되, 1시, 3시, 4시는 기본적으로 배운 숫자인 ένα, τρια, τέσσερα가 아닌 **μία, τρεις, τέσσερις**로 읽습니다.

ακριβώς   정각
~και μισή   ~시 반
τέταρτο   15분
→ 직역하면 4분의 1이라는 뜻으로 시간표현에서는 한 시간의 1/4인 15분을 의미합니다.

παρά   ~분 전

π.μ.   오전('정오 전'의 약자로 오전을 의미)
(προ μεσημβρίας = πριν από το μεσημέρι)

μ.μ.   오후('정오 후'의 약자로 오후를 의미)
(μετά μεσημβρίας = μετά το μεσημέρι)

(Η ώρα) είναι δύο και μισή.   2시 반입니다.
(Η ώρα) είναι δύο και τέταρτο.   2시 15분입니다.
(Η ώρα) είναι δύο παρά είκοσι.   2시 20분 전입니다.

διάλογοι

8-3

Διάλογος ❶

Σερβιτόρα: Καλησπέρα σας. Τι θα πάρετε;
깔리스페라 사스. 띠 따 빠레떼?

Αντρέας: Μια μπίρα για μένα, παρακαλώ.
먀 비라 야 메나, 빠라깔로.

Σερβιτόρα: Εντάξει. Και εσείς;
엔닥시. 께 에시스?

Τάσος: Ένα ούζο με πάγο.
에나 우조 메 빠고.

Σερβιτόρα: Και εσείς, κυρία;
께 에시스, 끼리아?

Στέλλα: Θα πάρω ένα τσάι με λεμόνι και μια τυρόπιτα.
따 바로 에나 차이 멜 레모니 께 먀 띠로삐따.

웨이트리스: 안녕하세요. 무엇을 드릴까요?
안드레아스: 저는 맥주 하나 주세요.
웨이트리스: 알겠습니다. 손님은요?
타소스: 얼음이 들어간 우조 한 잔이요.
웨이트리스: 그리고 당신은요?
스텔라: 저는 차 한 잔에 레몬 같이 주시고 치즈파이 하나 주세요.

Διάλογος ❷

τηλεφωνώ 전화를 걸다

(η) πιτσαρία 피자 가게

(η) μακαρονάδα
파스타

συμφωνώ 동의하다

Ζωή: Τάσο, πού τηλεφωνείς;
타소, 뿌 띨레포니스?

Τάσος: Στην πιτσαρία.
스띤 핏자리아.

Ζωή: Τι θέλουμε;
띠 뗄루메?

Τάσος: Μια πίτσα, μια μακαρονάδα και δύο μπίρες, συμφωνείς;
먀 핏자, 먀 마카로나다 께 디오 비레스, 심포니스?

Ζωή: Εντάξει.
엔닥시.

조이: 타소스, 어디에 전화하려고?

타소스: 피자 가게에.

조이: 우리 뭐 먹을 건데?

타소스: 피자 한 판이랑, 파스타 하나랑 맥주 두 개, 괜찮지?

조이: 그래.

Διάλογος ❸

Σερβιτόρος: **Καλησπέρα σας. Παρακαλώ;**
깔리스페라 사스. 빠라깔로?

Γιώργος: **Μμμμ... θα ήθελα μια χωριάτικη σαλάτα και μια πίτα γύρο χοιρινό.**
엠.... 따 이뗄라 먀 호리아키끼 살라타 께 먀 삐따 기로 히리노.

Σερβιτόρος: **Η πίτα να είναι από όλα;**
이 삐따 나 이네 아뽀 올라?

Γιώργος: **Ναι.**
네.

Γιωάννα: **Εμένα θα μου φέρετε μια πίτα κοτόπουλο χωρίς σως.**
에메나 따 무 페레떼 먀 삐따 꼬또뿔로 호리스 소스.

Σερβιτόρος: **Μάλιστα. Τι θα πιείτε;**
말리스타. 띠 따 피이떼?

Γιώργος: **Μισό λίτρο κόκκινο κρασί.**
미소 리트로 꼬끼노 크라시.

Σερβιτόρος: **Εντάξει.**
엔닥시.

종업원: 안녕하세요. 무엇을 드릴까요?

요르고스: 음... 그릭샐러드 하나랑 돼지고기 기로스 하나 주세요.

종업원: 기로스에 전부 다 넣으시나요?

요르고스: 네.

요안나: 저는 소스를 뺀 닭고기 기로스 하나 주세요.

종업원: 알겠습니다. 마실 것은 무엇으로 하시겠어요?

요르고스: 레드와인 0.5 리터 주세요.

종업원: 알겠습니다.

(η) χωριάτικη σαλάτα 그릭샐러드

(η) πίτα 피타 브레드

μισός/ή/ό 절반의

(το) λίτρο 리터

κόκκινος/η/ο 붉은

(το) κρασί 와인

🖢 **TIP**

기로스

그리스의 국민 길거리 음식인 기로스는 고기를 큰 꼬챙이에 끼워 구운 것을 의미하기도 하지만, 이를 피타 빵에 토마토, 감자튀김, 양파, 소스 등과 함께 넣어 말아 만든 음식을 가르키기도 합니다. από όλα라는 표현은 안에 들어가는 모든 재료를 빼지 않고 다 넣는다는 말입니다. 종종 생양파나 소스를 빼고 주문하는 경우가 있습니다.

ασκήσεις

1 다음 표에 제시된 단어를 찾아 표시해 보세요.

μέτριο	중간의	Σ	Π	Ε	Ψ	Ο	Μ	Χ	Γ	Θ	Α	Ζ
γλυκό	달콤한/단	Κ	Δ	Α	Ρ	Ε	Σ	Υ	Λ	Ι	Λ	Μ
γάλα	우유	Ε	Ε	Φ	Γ	Δ	Μ	Π	Υ	Ρ	Α	Ν
λεμονάδα	레몬에이드	Τ	Α	Ο	Μ	Ω	Ρ	Δ	Κ	Λ	Ψ	Ο
ούζο	우조	Ο	Γ	Λ	Υ	Π	Τ	Α	Ο	Ε	Θ	Μ
τυρί	치즈	Κ	Ζ	Ν	Χ	Ζ	Α	Ο	Σ	Μ	Τ	Π
ζαμπόν	햄	Ο	Α	Ω	Ν	Κ	Ο	Α	Ν	Ο	Ξ	Α
παγωτό	아이스크림	Κ	Μ	Ε	Τ	Ρ	Ι	Ο	Ε	Ν	Ψ	Α
σκέτο	설탕 없이/아무 것도 넣지 않은	Ω	Π	Δ	Υ	Γ	Ν	Ε	Ρ	Α	Θ	Υ
		Ξ	Ο	Ψ	Ρ	Ι	Α	Χ	Λ	Δ	Ζ	Η
		Τ	Ν	Ε	Ι	Κ	Β	Τ	Γ	Α	Λ	Α

2 <보기>와 같이 다음 주어진 동사를 알맞은 형태로 변화하여 문장을 완성하세요.

─────────── 보기 ───────────

A: Πού <u>τηλεφωνείς</u>, Άρη; (τηλεφωνώ)
B: Σε έναν φίλο μου.

1 A: Τι λες, πάμε για ποτό το Σάββατο;
   B: Δυστυχώς, δεν _____. (μπορώ)

2 Ο Άρης πάντα _____ μαζί μου. (συμφωνώ)

3 Σας _____ να κάνετε την άσκηση 3 στο σπίτι.
   (παρακαλώ)

4 Οι γονείς του συχνά _____ με τις ιδέες του.
   (διαφωνώ)

5 Η Αλίκη _____ στους γονείς της κάθε μέρα.
   (τηλεφωνώ)

6 Η Βαρβάρα κι εγώ δεν _____ ποτέ στο
   μάθημα. (αργώ)

για ποτό 한잔하러
δυστυχώς 유감이지만
πάντα 항상
μαζί μου 나와 함께
συμφωνώ 찬성하다
(η) άσκηση (연습)문제
(η) ιδέα 생각, 아이디어
διαφωνώ 반대하다
κάθε μέρα 매일

③ 다음 빈칸에 들어갈 알맞은 형태의 형용사를 쓰세요. (괄호 안에 주어진 형용사는 주격을 기준으로 합니다. 따라서 목적격일 경우 형태 변화에 유의)

1 Θα ήθελα έναν _____ (ελληνικός/ή/ό) καφέ μέτριο, παρακαλώ.

2 Θέλεις μία _____ (ζεστός/ή/ό) σοκολάτα;

3 Ο Γιάννης παραγγέλνει έναν φραπέ _____ (μέτριος/α/ο) με γάλα.

4 Θέλετε έναν _____ (φυσικός/ή/ό) χυμό πορτοκάλι;

5 Τα παιδιά τρώνε ένα _____ (ζεστός/ή/ό) σάντουιτς και εμείς πίνουμε μία _____ (κρύος/α/ο) μπίρα.

> **✎ TIP**
> 형용사의 형태를 결정하는 것은 그 형용사가 꾸며주는 명사입니다. 해당 명사의 성을 먼저 확인하면 형용사의 형태를 알 수 있겠죠?

> **(το) σάντουιτς**
> 샌드위치

④ 다음 시간을 그리스어로 읽어 보세요.

| 보기 |
| 3:10 → (Η ώρα) είναι τρεις και δέκα. |

1 8:30   → _____

2 10:15   → _____

3 7:45   → _____

4 9:00   → _____

5 12:19   → _____

6 11:20   → _____

ΜΑΘΗΜΑ 09

축하인사 생일 축하합니다!

Χρόνια πολλά!

λεξιλόγιο

παιδιά 얘들아

ξέρω 알다

(τα) γενέθλια 생일

(η) γιορτή 네임데이, 축일

Τι λέτε; (너희들) 어떻게 생각해? / 어떻게 생각하세요?

κάνω 하다

(το) πάρτι-έκπληξη 깜짝 파티

τέλεια 완벽해

πολύ 아주, 매우

καλός/ή/ό 좋은

(η) ιδέα 생각, 아이디어

Χρόνια πολλά! (생일/네임데이) 축하합니다!

✏ TIP
축하의 표현
그리스어는 상황마다 쓰이는 축하 인사가 조금씩 다릅니다. 가장 많이 사용하는 축하 인사말을 알아봅시다.

Χρόνια πολλά!
생일 축하합니다! (생일 외에도 네임데이 등 큰 축제의 날(새해, 크리스마스 등)에 축하의 말로 사용)

Να τα εκατοστήσεις!
오래 살아! (생일을 축하하는 표현으로 직역하면 '백 살까지 살아라!' 즉, '오래 살라'는 의미. 'Χρονιά πολλά!'와 비슷한 표현)

Συγχαρητήρια!
축하합니다! (졸업, 승진 등 일반적으로 성과를 내어 축하할 일에 사용하는 표현)

διάλογος 🎧 9-1

Πέτρος: Παιδιά, ξέρετε πότε είναι τα γενέθλια του Τάσου;
뻬디아, 크세레떼 뽀떼 이네 다 게네뜰리아 뚜 타수?

Σοφία: Είναι 11 Νοεμβρίου. Είναι αυτή την Κυριακή!
이네 엔데까 노엠브리우. 이네 아프티 딘 끼리아끼!

Μίνσου: Αλήθεια; Στις 11 Νοεμβρίου είναι και η γιορτή της Κατερίνας!
알리티아? 스띠스 엔데까 노엠브리우 이네 께 이 요르띠 띠스 카테리나스!

Πέτρος: Τι λέτε; Κάνουμε ένα πάρτι-έκπληξη στον Τάσο και στην Κατερίνα;
띨 레떼? 까누메 에나 빠르띠-엑플릭시 스똔 타소 께 스띤 카테리나?

Σοφία: Τέλεια! Είναι πολύ καλή ιδέα.
뗄리아! 이네 뽈리 깔리 이데아.

<11 Νοεμβρίου>
엔데까 노엠브리우

Όλοι: Χρόνια πολλά Τάσο και Κατερίνα!
흐로냐 뽈라 타소 께 카테리나!

Τάσος και Κατερίνα: Σας ευχαριστώ πολύ!
사스 에프하리스또 뽈리!

페트로스: 얘들아, 타소스의 생일이 언제인지 아니?

소피아: 11월 11일이야. 이번 주 일요일이네!

민수: 정말? 11월 11일은 카테리나의 축일인데!

페트로스: 어떻게 생각해? 타소스와 카테리나에게 깜짝 파티를 해줄까?

소피아: 완벽해! 아주 좋은 생각이야.

〈11월 11일〉

모두: 타소스, 카테리나 축하해!

타소스, 카테리나: 정말 고마워!

γραμματική

● 명사의 소유격

이전 과에서 학습한 명사의 주격과 목적격에 이어, 이번 과에서는 소유격을 살펴보겠습니다. 소유격은 말 그대로 소유를 뜻하는 '(누구)의~'를 나타내는 격입니다.

〈남성〉

구분	**-ος**	**-ας**	**-ης**
주격	ο Γιώργος	ο πατέρας	ο μαθητής
소유격	του Γιώργου	του πατέρα	του μαθητή
목적격	τον Γιώργο	τον πατέρα	τον μαθητή

〈여성〉

구분	**-α**	**-η**	-
주격	η Κατερίνα	η φίλη	
소유격	της Κατερίνας	της φίλης	-
목적격	την Κατερίνα	τη φίλη	

〈중성〉

구분	**-ο**	**-ι**	**-μα**
주격	το νερό	το παιδί	το πρόβλημα
소유격	του νερού	του παιδιού	του προβλήματος
목적격	το νερό	το παιδί	το πρόβλημα

한국어로 'A의 B'는 그리스어로 'B + 소유격 + A'의 순서로 표현합니다. 소유격을 사용할 때 관사 역시 소유격으로 사용합니다. 그리스어는 문장 내에서 문법을 나타내는 단어들이 모두 성, 수, 격에 맞추어 변한다는 사실을 잊지 않도록 합니다.

το σπίτι του Γιώργου   요르고스의 집

τα γενέθλια της Κατερίνας   카테리나의 생일

τα σχολείο του παιδιού   아이의 학교

Να σας ζήσει.
아기가 태어났을 때 축하하는 표현

Να ζήσετε!
결혼을 축하하는 의미로 사용하는 표현. 결혼한 커플에게 '행복하게 사세요!'라고 말하는 것과 비슷한 의미

Με γεια!
상대방이 새로운 물건을 사거나 얻었을 때 축하하는 표현

소유격은 날짜를 읽을 때도 사용합니다. 그리스어로 날짜를 말할 때는 한국어와 반대로 '일-월'의 순서로 말하며, '일' 뒤에 오는 '월'은 **소유격**으로 사용합니다. 예를 들어, 4월 3일은 'τρεις (3일) Απριλίου (4월의)'로 읽습니다.

⟨월⟩

Ιανουάριος	1월	Ιούλιος	7월
Φεβρουάριος	2월	Αύγουστος	8월
Μάρτιος	3월	Σεπτέμβριος	9월
Απρίλιος	4월	Οκτώβριος	10월
Μάιος	5월	Νοέμβριος	11월
Ιούνιος	6월	Δεκέμβριος	12월

● **시간 지정 표현 '언제?' (목적격)**

한국어의 '~요일에, ~월에'라는 표현에서 '~에'에 해당하는 표현은 그리스어에서 주로 **목적격**을 사용합니다.

1) '월, 요일, 아침, 점심, 저녁'같은 단수표현에는 정관사의 목적격만 붙여서 때를 나타냅니다.

Τη Δευτέρα	월요일에		To πρωί	아침에
Την Τρίτη	화요일에		Το μεσημέρι	점심에
Την Τετάρτη	수요일에		Το απόγευμα	오후에
Την Πέμπτη	목요일에		Το βράδυ	저녁에
Την Παρασκευή	금요일에		Τη νύχτα	밤에
Το Σάββατο	토요일에		Την πρώτη **월(소유격)**	매달 1일
Την Κυριακή	일요일에	예외	Τα μεσάνυχτα	한밤중에
Το σαββατοκύριακο	주말에			

Τον Ιανουάριο	1월에	Τον Ιούλιο	7월에
Τον Φεβρουάριο	2월에	Τον Αύγουστο	8월에
Τον Μάρτιο	3월에	Τον Σεπτέμβριο	9월에
Τον Απρίλιο	4월에	Τον Οκτώβριο	10월에
Τον Μάιο	5월에	Τον Νοέμβριο	11월에
Τον Ιούνιο	6월에	Τον Δεκέμβριο	12월에

Την άνοιξη	봄에	Το φθινόπωρο	가을에
Το καλοκαίρι	여름에	Τον χειμώνα	겨울에

2) 날짜를 표현할 때는 단수인 **1일**을 제외한 나머지에 '**σε** + 목적격'을 사용합니다.

σε + 목적격

~시에, ~(날짜)일에

Τα μαθήματα τελειώνουν τον Ιούνιο.
6월에 수업이 끝납니다.

Την Τετάρτη βλέπω τους φίλους μου.
수요일에 친구들을 만납니다.

Το πρωί πάω στη δουλειά.
아침에 출근을 합니다.

Την 1η (πρώτη) Απριλίου λέμε ψέματα.
4월 1일에 우리는 거짓말을 합니다.

Τα Χριστούγεννα είναι στις 25 (είκοσι πέντε) Δεκεμβρίου.
12월 25일은 크리스마스입니다.

Έχω τα γενέθλιά μου στις 31 (τριάντα μία) Μαρτίου.
3월 31일은 제 생일입니다.

Στη μία και τέταρτο αρχίζει το μάθημα.
1시 15분에 수업이 시작됩니다.

εκφράσεις

1 숫자 (100 ~ 1.000.000)

TIP

숫자에서 100 자체만 말할 때는 εκατό, 100 초과의 숫자에서 100이 포함되면 'εκατόν + 숫자'를 사용합니다.

100	εκατό
101	εκατόν ένα
102	εκατόν δύο
110	εκατόν δέκα
190	εκατόν ενενήντα
200	διακόσια
300	τριακόσια
400	τετρακόσια
500	πεντακόσια
600	εξακόσια
700	εφτακόσια/επτακόσια
800	οχτακόσια/οκτακόσια
900	εννιακόσια

1.000	χίλια
2.000	δύο χιλιάδες
3.000	τρεις χιλιάδες
4.000	τέσσερις χιλιάδες

10.000	δέκα χιλιάδες
100.000	εκατόν χιλιάδες
200.000	διακόσιες χιλιάδες
900.000	εννιακόσιες χιλιάδες

1.000.000	ένα εκατομμύριο
1.000.000.000	ένα δισεκατομμύριο (ένα δις.)

διακόσιοι φοιτητές	200명의 대학생들
τριακόσιες φορές	300번
τετρακόσια ευρώ	400유로
πεντακόσιοι/-ες/-α	500의
εξακόσιοι/-ες/-α	600의
χίλιοι/-ες/-α	1,000의

2 연도 읽기

그리스어로 연도는 한국어와 같은 방법으로 읽습니다.

1992년   χίλια εννιακόσια ενενήντα δύο
            천   구백   구십   이

2019년   δύο χιλιάδες δέκα εννιά
            이   천   십   구

다만 2000년부터는 δύο χίλια가 아니라 복수형인 χιλιάδες를 사용합니다.

διάλογοι $\qquad$ 🎧 9-3

Διάλογος ❶

Τομ: **Γεια σου, Μαρία.**
야수, 마리아.

Μαρία: **Γεια σου, Τομ.**
야수, 톰.

πότε 언제

Τομ: **Πότε έχεις γενέθλια;**
뽀떼 에히스 게네뜰리아?

γιορτάζω
축하하다, 기념하다

Μαρία: **Τα γενέθλιά μου είναι στις 26 Οκτωβρίου. Εσύ πότε έχεις;**
따 게네뜰리아 무 이네 스띠스 이코시뻰데 옥토브리우. 에시 뽀떼 에히스?

Τομ: **Είναι στις 12 Μαΐου. Έχω και γιορτή.**
이네 스띠스 도데카 마이우. 에호 께 요르띠.

Μαρία: **Πότε γιορτάζεις;**
뽀떼 요르따지스?

Τομ: **Η γιορτή μου είναι στις 15 Αυγούστου.**
이 요르띠 무 이네 스띠스 데까뻰데 아브구스뚜.

톰:	안녕, 마리아.
마리아:	안녕, 톰.
톰:	생일이 언제니?
마리아:	내 생일은 10월 26일이야. 너는 (생일이) 언제야?
톰:	(내 생일은) 5월 12일이야. 나는 축일도 있어.
마리아:	언제가 축일이야?
톰:	내 축일은 8월 15일이야.

Διάλογος ❷

Τζένη: Δημήτρη, πάμε για ψώνια;
디미트리, 빠메 야 프소냐?

Δημήτρης: Ναι, πάμε όποτε θέλεις.
네, 빠메 오뽀떼 텔리스.

Τζένη: Τι ώρα ανοίγουν τα μαγαζιά σήμερα;
띠 오라 아니군 따 마가지아 씨메라?

Δημήτρης: Ανοίγουν στις εννιά.
아니군 스띠스 에냐.

Τζένη: Και τι ώρα κλείνουν;
께 띠 오라 끌리눈?

Δημήτρης: Κλείνουν στις δύο το μεσημέρι και ανοίγουν στις πεντέμιση
το απόγευμα.
끌리눈 스띠스 디오 또 메시메리 께 아니군 스띠스 뻰데미시 또 아뽀게브마.

Τζένη: Οπότε πάμε στις έξι το απόγευμα.
오뽀떼 빠메 스띠스 엑시 또 아뽀게브마.

제니:	디미트리, 우리 쇼핑하러 갈까?
디미트리스:	그래, 네가 편한 시간에 가자.
제니:	오늘 가게들이 몇 시에 열어?
디미트리스:	9시에 열어.
제니:	그럼 몇 시에 닫아?
디미트리스:	오후 2시에 닫고 오후 5시 반에 열어.
제니:	그럼 오후 6시에 가자.

για ψώνια 쇼핑하러
όποτε 언제든지
ανοίγω 열다
(το) μαγαζί 가게
σήμερα 오늘
κλείνω 닫다
οπότε 그러면

Διάλογος ❸

Αλίκη: Ορίστε.
오리스떼.

Γιώργος: Καλημέρα Αλίκη. Είμαι ο Γιώργος. Τι κάνεις;
깔리메라 알리키. 이메 오 요르고스. 띠 까니스?

Αλίκη: Γιώργο! Έχουμε καιρό να τα πούμε. Καλά είμαι. Εσύ;
요르고! 에후메 께로 나 따 뿌메. 깔라 이메. 에시?

Γιώργος: Κι εγώ καλά είμαι.
끼 에고 깔라 이메.

Αλίκη: Τι καιρό κάνει σήμερα εκεί;
띠 께로 까니 시메라 에끼?

Γιώργος: Έχουμε καλό καιρό σήμερα. Έχει ήλιο.
에후메 깔로 께로 씨메라. 에히 일리오.

Αλίκη: Σε ζηλεύω. Εδώ βρέχει όλη μέρα.
세 질레보. 에도 브레히 올리 메라.

Γιώργος: Όμως σου αρέσει η βροχή, έτσι δεν είναι;
오모스 수 아레시 브로히, 에찌 덴 이네?

Αλίκη: Ναι, αλλά θέλω ήλιο σήμερα για βόλτα.
네, 알라 뗄로 일리오 시메라 야 볼따.

(ο) ήλιος 태양

ζηλεύω
부러워하다, 질투하다

όλη μέρα 하루종일

(η) βόλτα 산책, 외출

알리키: 여보세요.

요르고스: 안녕 알리키. 나 요르고스야. 잘 지내?

알리키: 요르고! 오랜만이다. 나는 잘 지내. 너는?

요르고스: 나도 잘 지내지.

알리키: 오늘 거기 날씨 어때?

요르고스: 오늘 날씨 좋아. 해가 떴어.

알리키: 부럽다. 여긴 종일 비가 내려.

요르고스: 너 비 좋아하잖아.

알리키: 응, 하지만 오늘은 외출할 수 있는 햇빛이 있으면 좋겠어.

ασκήσεις

① 다음 날짜를 그리스어로 읽어 보세요.

1 5월 4일   → ....

2 7월 3일   → ....

3 9월 14일   → ....

4 10월 28일   → ....

5 12월 25일   → ....

② 다음 단어의 소유격을 찾아 연결하세요.

1 ο άντρας   α του φοιτητή

2 η γυναίκα   β του σπιτιού

3 ο φοιτητής   γ του φίλου

4 η φίλη   δ της φίλης

5 το πρόβλημα   ε της γυναίκας

6 ο φίλος   στ του άντρα

7 το σπίτι   ζ του προβλήματος

3 다음 빈칸에 들어갈 알맞은 것을 고르세요.

(το) σινεμά 영화관

(το) μάθημα 수업

(το) τρένο 기차

(ο) σταθμός 역

ακριβώς 정확히, 정각

1 _____ Σάββατο το βράδυ πάμε στο σινεμά.

(α) Το   (β) Στο   (γ) Από

2 _____ Ιούλιο δεν έχουμε μάθημα.

(α) Το   (β) Στον   (γ) Τον

3 Το τρένο φεύγει από τον σταθμό _____ οκτώ/οχτώ ακριβώς.

(α) τις   (β) στις   (γ) την

4 Αύριο _____ βράδυ έχουμε πάρτι.

(α) το   (β) από το   (γ) στο

4 다음 올림픽이 개최된 연도를 그리스어로 쓰고 읽어 보세요.

1 Σεούλ   1988   → _____

2 Αθήνα   2004   → _____

3 Πεκίνο   2008   → _____

4 Λονδίνο   2012   → _____

5 Ρίο   2016   → _____

ΜΑΘΗΜΑ
10

일상 저는 일요일에 보통 쉽니다.

Συνήθως ξεκουράζομαι την Κυριακή.

κείμενο

 10-1

[Η Ελένη μιλάει για την εβδομάδα της.]
이 엘레니 밀라이 야 띤 에브도마다 띠스.

Τη Δευτέρα και την Πέμπτη έχω μάθημα νωρίς το πρωί.
띠 데프테라 께 띤 뼴띠 에호 마띠마 노리스 또 쁘로이.

Ξυπνάω στις εφτά, σηκώνομαι, πλένομαι, ντύνομαι, πίνω έναν καφέ και φεύγω για το πανεπιστήμιο.
크시프나오 스띠스 에프따, 시꼬노메, 쁠레노메, 디노메, 삐노 에난 카페 께 페브고 야 또 빠네삐스띠미오.

Την Τρίτη και την Τετάρτη έχω μάθημα το απόγευμα.
띤 뜨리띠 께 띤 떼딸띠 에호 마띠마 또 아뽀게브마.

Την Παρασκευή πηγαίνω στη βιβλιοθήκη.
띤 빠라스께비 삐게노 스띠 비블리오띠끼.

Το Σάββατο συχνά βγαίνω για ποτό ή φαγητό με την παρέα.
또 싸바또 시흐나 브게노 야 뽀또 이 파기또 메 띤 빠레아.

Συνήθως ξεκουράζομαι την Κυριακή.
시니또스 크세꾸라조메 띤 끼리아끼.

[엘레니가 자신의 일주일에 대해 이야기합니다.]
저는 월요일과 목요일 아침에 일찍 수업이 있습니다. 일곱 시에 잠에서 깨고, 일어나서 씻고 옷을 입고 커피를 마신 후 (대)학교로 출발합니다. 화요일과 수요일에는 오후에 수업이 있습니다. 금요일에는 도서관에 갑니다. 토요일은 자주 친구들과 함께 술 한잔이나 식사를 하러 나갑니다. 주로 일요일에 쉽니다.

λεξιλόγιο

μιλάω 말하다, 이야기하다

για ~에 대해

(η) εβδομάδα 일주일

(το) μάθημα 수업

νωρίς 일찍

(το) πρωί 아침

ξυπνάω
(잠에서) 깨다, 일어나다

εφτά/επτά 7

σηκώνομαι
(자리에서) 일어나다

πλένομαι 씻다

ντύνομαι (옷을) 입다

πίνω 마시다

(ο) καφές 커피

φεύγω 떠나다

(το) πανεπιστήμιο
대학교

(η) Τρίτη 화요일

(η) Τετάρτη 수요일

(το) απόγευμα 오후

(η) Παρασκευή 금요일

πηγαίνω 가다

(η) βιβλιοθήκη 도서관

(το) Σάββατο 토요일

συχνά 자주

βγαίνω 나가다

102

(το) ποτό 음료 (간단하게 한잔 마시러 갈 때)

(το) φαγητό 음식

(η) παρέα
친한 친구의 무리, 동행

συνήθως 일반적으로, 주로

ξεκουράζομαι 쉬다

(η) Κυριακή 일요일

(**γραμματική**)

● **Γ1, Γ2 동사**

앞에서 그리스어 동사 A와 B1, B2를 학습했습니다. 이번 과에서는 그리스어 동사 중 중간태(μεσοπαθητική)의 형태를 가지는 동사군(Γ1, Γ2)을 알아보겠습니다. 이 동사 군에는 '-ομαι' 와 '-άμαι', '-ιέμαι', '-ούμαι'로 끝나는 동사들이 속합니다. 변화가 어 려운 편으로 초급 단계에서는 전체를 학습하기보다 자주 쓰는 몇몇 동사 위주로 현재형 을 잘 익히는 것을 목표로 학습합니다. A, B에 속하는 동사들은 항상 능동(주어가 무언 가를 하는 의미)을 표현하지만 Γ동사는 특수하게 중간태로 분류합니다. 수동의 의미인 동사들이 많이 속하기는 하지만, 동사들의 의미가 항상 수동이 아니라 능동인 경우와 때 로는 상태를 나타내는 경우도 있기 때문입니다.

Γ1		
'가다'	어미변화	익혀 둘 동사
έρχ**ομαι**	**-ομαι**	σηκώνομαι (자리에서) 일어나다
έρχ**εσαι**	**-εσαι**	κάθομαι 앉다
έρχ**εται**	**-εται**	πλένομαι 씻다
ερχ**όμαστε**	**-όμαστε**	ντύνομαι 옷을 입다
έρχ**εστε** / ερχ**όσαστε**	**-εστε / -όσαστε**	ετοιμάζομαι 준비하다
έρχ**ονται**	**-ονται**	σκέφτομαι 생각하다
		χρειάζομαι 필요하다
		ζεσταίνομαι 덥다
		βρίσκομαι ~에 있다 / 위치하다
		ξυρίζομαι 면도하다
		εργάζομαι 일하다
		έρχομαι 오다 / 가다
		ξεκουράζομαι 쉬다

Γ2		
'자다'	어미변화	익혀 둘 동사
κοιμ**άμαι**	**-άμαι**	λυπάμαι 유감이다, 애석하다
κοιμ**άσαι**	**-άσαι**	θυμάμαι 기억하다
κοιμ**άται**	**-άται**	φοβάμαι 무섭다, 두렵다
κοιμ**όμαστε**	**-όμαστε**	
κοιμ**άστε**	**-άστε**	
κοιμ**ούνται**	**-ούνται**	

εκφράσεις   🎧 10-2

● 빈도부사

높은 빈도 ←						→ 낮은 빈도
πάντα	συνήθως	συχνά, πολλές φορές	μερικές φορές	κάπου κάπου, καμία φορά, πότε πότε	σπάνια	ποτέ
항상, 늘	주로	자주	때때로, 가끔	어쩌다가 (한번씩), 이따금	드물게	전혀 (안)

Πάντα κάνω ντουζ το πρωί.

나는 항상 아침에 샤워를 한다.

Συνήθως το απόγευμα πάω στο γυμναστήριο.

나는 주로 오후에 헬스장에 간다.

Συχνά πηγαίνω στην παραλία.

나는 자주 해변에 간다.

Μερικές φορές τρώω έξω.

나는 가끔 외식을 한다.

Κάπου κάπου πηγαίνω ταξίδια.

나는 이따금 여행을 한다.

Σπάνια δουλεύω το Σάββατο.

나는 드물게 토요일에 일한다.

Ποτέ δεν ξεκουράζομαι το μεσημέρι.

나는 점심 때 절대 쉬지 않는다.

διάλογοι/κείμενα 🎧 10-3

Διάλογος ❶

ψάχνω ~을 찾다

χρειάζομαι ~가 필요하다

κάτι 어떤 것

ξυπνάω (잠에서) 깨다

ακόμα 아직

κοιμάμαι 잠을 자다

γι'αυτό 그래서

νυστάζω 졸리다

τότε 그러면

Πέτρος: Τι ψάχνεις; Χρειάζεσαι κάτι;
띠 프사흐니스? 흐리아제세 까띠?

Βάλια: Ναι, χρειάζομαι καφέ!
네, 흐리아조메 카페!

Πέτρος: Δεν ξύπνησες ακόμα, ε;
덴 크시프니세스 아꼬마, 에?

Βάλια: Ναι, συνήθως κοιμάμαι αργά, γι'αυτό πάντα νυστάζω το πρωί.
네, 시니또스 끼마메 아르가, 이아프토 빤다 니스따조 또 쁘로이.

Πέτρος: Μάλιστα. Πάμε για καφέ τότε.
말리스따. 빠메 야 카페 또떼.

> 페트로스: 뭐 찾아? 필요한 거 있어?
> 발리아: 응, 커피가 필요해!
> 페트로스: 아직 잠이 안 깼구나, 그렇지?
> 발리아: 응, 주로 늦게 잠을 자서 아침이면 항상 피곤해.
> 페트로스: 알겠어. 그럼 커피 마시러 가자.

Διάλογος ❷

σκέφτομαι 생각하다

τόσος/η/ο
그만큼의, 그렇게나 (많은)

κουράζομαι 피곤하다

(τα) λεφτά 돈

(η) ξεκούραση 휴식

Μαρία: Καλημέρα, Τάσο. Τι σκέφτεσαι;
깔리메라, 타소. 띠 스케프떼세?

Τάσος: Σκέφτομαι ότι χρειάζομαι ύπνο.
스케프또메 오띠 흐리아조메 이프노.

Μαρία: Γιατί δουλεύεις τόσες ώρες; Κουράζεσαι πολύ!
야띠 둘레비스 또세스 오레스? 꾸라제세 뽈리!

Τάσος: Τι να κάνω, χρειάζομαι λεφτά!
띠 나 까노, 흐리아조메 레프타!

Μαρία: Όμως χρειάζεται και ξεκούραση!
오모스 흐리아제떼 께 크세꾸라시!

> 마리아: 안녕, 타소. 무슨 생각해?
> 타소스: 잠이 필요하다는 생각을 해.
> 마리아: 그러니까 왜 그렇게 일을 오랫동안 해? 너무 피곤하잖아!
> 타소스: 어쩔 수 없어, 나는 돈이 필요해!
> 마리아: 그래도 휴식은 필요하잖아!

Κείμενο ❸

Ο Γρηγόρης σηκώνεται κατά τις 7.20, πλένεται και ετοιμάζεται για τη δουλειά.

오 그리고리스 시코네떼 까따 띠스 에프타 께 이코시, 쁠레네떼 께 에띠마제떼 야 띠 둘랴.

Μετά ο Γρηγόρης σκέφτεται ποιο πουκάμισο θα φορέσει και ντύνεται.

메따 오 그리고리스 스케프테떼 표 뿌까미소 따 포레시 께 디네떼.

Έπειτα εργάζεται από τις 9 μέχρι τις 5 το απόγευμα και γυρίζει στο σπίτι κατά τις 5.30.

에삐따 에르가제떼 아뽀 띠스 에냐 메흐리 띠스 뻰데 또 아뽀게브마 께 기리지 스또 스삐띠 까따 띠스 뻰데미시.

Ύστερα ξεκουράζεται.

이스떼라 크세꾸라제떼.

그리고리스는 7시 20분쯤 일어나서 씻고 출근할 준비를 합니다. 그 다음에 그리고리스는 어떤 셔츠를 입을지 생각하고 옷을 입습니다. 그 다음에 9시부터 오후 5시까지 일을 하고 5시 30분쯤 집에 옵니다. 그러고 나서 쉽니다.

σηκώνομαι 일어나다

πλένομαι 씻다

ετοιμάζομαι 준비하다

μετά = έπειτα = ύστερα 그 다음에

(το) πουκάμισο 셔츠

φοράω
옷, 신발 등을 입다, 신다(착용)

ντύνομαι
(스스로) 옷을 입다

εργάζομαι 일하다

γυρίζω 돌아오다

ξεκουράζομαι 쉬다

ασκήσεις

1 다음 빈칸에 주어진 동사를 활용하여 문장을 완성하세요.

(οι) διακοπές 휴가

τελευταίος/α/ο 마지막

(η) σειρά 줄, 순서

λίγο 조금, 약간

(το) ασανσέρ 엘리베이터

(το) κλειδί 열쇠

βλέπω 보다

(η) ταινία 영화

(η) ώρα 시간

1 Στις διακοπές εμείς _____ μετά τις 12. (σηκώνομαι)

2 Στο σινεμά εγώ _____ πάντα στην τελευταία σειρά. (κάθομαι)

3 Όταν γυρίζω σπίτι, _____ λίγο. (ξεκουράζομαι)

4 Πού ακριβώς _____ αυτό το σχολείο; (βρίσκομαι)

5 Η Ελένη _____ το ασανσέρ. (φοβάμαι)

6 Μαρία, _____ πού είναι το κλειδί; (θυμάμαι)

7 Η Σοφία _____ στις 9. (κοιμάμαι)

8 Πού _____ η Χριστίνα και η Ελένη; (βρίσκομαι)

9 Η Ελένη και η Χριστίνα _____ και βλέπουν μια ταινία. (κάθομαι)

10 Τι _____ (εσύ) τόση ώρα; (σκέφτομαι)

2 다음 해석을 참고하여 빈칸에 들어갈 알맞은 빈도부사를 쓰세요.

1 .... δεν ξεκουράζομαι το μεσημέρι.

   나는 점심 때 전혀 쉬지 않는다.

2 .... πηγαίνω στη δουλειά το σαββατοκύριακο.

   나는 드물게 주말에 출근을 한다.

3 .... έρχονται οι φίλοι μου στο σπίτι.

   가끔 내 친구들이 우리집에 온다.

4 .... κάνω ντουζ το πρωί.

   나는 항상 아침에 샤워를 한다.

5 .... πηγαίνω βόλτα στην παραλία.

   나는 자주 해변으로 산책을 간다.

> **πηγαίνω στη δουλειά** 출근하다
>
> **κάνω ντουζ** 샤워하다
>
> **πηγαίνω βόλτα** 산책하러 가다
>
> **(η) παραλία** 해변

3 다음 해석을 참고하여 빈칸에 들어갈 알맞은 빈도부사를 <보기>에서 찾아 쓰세요.

─── 보기 ───

σπάνια   ποτέ   συνήθως   συνήθως   σχεδόν ποτέ

1 Δεν τρώω .... το πρωινό.

   나는 아침을 전혀 안 먹습니다.

2 Το Σάββατο το βράδυ .... πάω για ποτό.

   토요일 저녁에 주로 한잔하러 갑니다.

3 Τη Δευτέρα .... βγαίνω έξω. Μία φορά τον μήνα.

   월요일에는 드물게 외출을 합니다. 한 달에 한 번 정도.

4 Το σαββατοκύριακο _____ ξυπνάμε αργά.

주말에 우리는 <u>보통</u> 늦게 일어납니다.

5 Ο Παύλος δεν διαβάζει _____ βιβλίο.

파블로스는 책을 <u>거의 안</u> 읽습니다.

④ 다음 글에서 빈도부사를 찾아 표시하고, 글을 읽으면서 해석해 보세요.

Οι Έλληνες σπάνια ξυπνάνε αργά. Συνήθως πίνουν μόνο έναν καφέ για πρωινό. Ξεκινούν τη δουλειά περίπου στις 8 και κατά τη 1 κάνουν ένα διάλειμμα και πίνουν ή τρώνε. Γύρω στις 3 γυρίζουν στο σπίτι. Το μεσημέρι συχνά παίρνουν έναν υπνάκο. Πάντα τρώνε το βραδινό αργά και συνήθως κοιμούνται γύρω στα μεσάνυχτα.

(το) πρωινό 아침식사

(το) διάλειμμα
쉬는 시간

(το) βραδινό 저녁식사

ΜΑΘΗΜΑ 11

가격 얼마예요?

Πόσο κάνει;

διάλογος

🎧 11-1

Πελάτισσα:	**Καλημέρα σας!** 깔리메라 사스!
Μανάβης:	**Καλημέρα, παρακαλώ.** 깔리메라, 빠라깔로.
Πελάτισσα:	**Πόσο κάνουν τα πορτοκάλια;** 뽀소 까눈 따 뽀르또깔리아?
Μανάβης:	**Δύο ευρώ το κιλό. Είναι πολύ φρέσκα.** 디오 에브로 또 킬로. 이네 뽈리 프레스카.
Πελάτισσα:	**Θα πάρω ένα κιλό πορτοκαλιά και μισό κιλό καρότα.** 따 빠로 에나 킬로 뽀르또깔리아 께 미소 킬로 까로따.
Μανάβης:	**Χρειάζεστε κάτι άλλο;** 흐리아제스떼 까띠 알로?
Πελάτισσα:	**Α ναι, θέλω δύο κιλά πατάτες. Πόσο κάνουν;** 아 네, 뗄로 디오 킬라 빠따떼스. 뽀소 까눈?
Μανάβης:	**ενάμισι ευρώ το κιλό.** 에나미시 에브로 또 킬로.
Πελάτισσα:	**Εντάξει. Αυτά.** 엔닥시. 아프따.
Μανάβης:	**Δύο ευρώ τα πορτοκάλια, πενήντα λεπτά τα καρότα, τρία ευρώ οι πατάτες.** 디오 에브로 따 뽀르또깔리아, 뻬닌따 렙따 따 까로따, 뜨리아 에브로 이 빠따떼스. **Πεντέμισι ευρώ όλα μαζί.** 뻰데미시 에브로 올라 마지.

손님:	안녕하세요!
청과가게 주인:	안녕하세요, 무엇을 드릴까요?
손님:	오렌지는 얼마인가요?
청과가게 주인:	1kg에 2유로예요. 아주 신선해요.
손님:	오렌지 1kg과 당근 500g 주세요.
청과가게 주인:	다른 건 필요 없으세요?

λεξιλόγιο

(ο) πελάτης 손님 (남)
(η) πελάτισσα 손님 (여)

(ο) μανάβης
청과가게 주인 (남)
(η) μανάβισσα
청과가게 주인 (여)

παρακαλώ
무엇을 드릴까요?

πόσο κάνει 단수
πόσο κάνουν 복수

πόσο κάνει το καρπούζι;
το μαρούλι;
ο μαϊτανός;
Ογδόντα λεφτά το κιλό.
Πενήντα λεφτά το ένα.
Μισό ευρώ το ματσάκι.

πόσο κάνουν οι ντομάτες;
τα λεμόνια;
τα κολοκυθάκια;
Δύο ευρώ το κιλό.
Ενάμισι ευρώ το κιλό.
Ένα ευρώ το κιλό.

(το) πορτοκάλι 오렌지

(το) ευρώ 유로 (유로 단위
는 단수, 복수 가리지 않고 동일하
게 ευρώ로 사용)

~ το κιλό 1kg에 ~입니다

πολύ 매우

**φρέσκος / φρέσκια /
φρέσκο** 신선한

θα πάρω 목적어
~을 살게요 (παίρνω 동사의 미
래형)

110

μισός / μιση / μισό
반, 1/2

χρειάζομαι ~가 필요하다

κάτι άλλο 다른 것

θέλω ~을 원하다

(η) πατάτα 감자

εντάξει 알겠어요, 괜찮아요

αυτά 이렇게 주세요 (직역하면 '이것들'이지만 장을 볼 때 구입할 전체 물건을 가리켜 '이렇게/이만큼 주세요'의 의미로 사용)

πεντέμισι 5.5유로

όλα μαζί 모두 다

손님:　아 네, 감자 2kg 주세요. 얼마예요?

청과가게 주인:　1kg에 1.5유로예요.

손님:　네. 그렇게 주세요.

청과가게 주인:　오렌지 2유로, 당근 50센트, 감자 3유로. 전부 5유로 50센트입니다.

> **συμπληρωματικό λεξιλόγιο**

● **과일, 야채**

다음은 그리스에서 흔히 볼 수 있는 과일과 야채의 이름입니다. 그리스는 과일과 야채가 신선하고 저렴하니 그리스에 간다면 제철 과일을 즐겨보시기 바랍니다. 5월 즈음엔 체리가 나오기 시작하고 여름엔 수박, 멜론, 겨울엔 오렌지, 귤 종류가 풍성합니다. 1kg씩 구입해도 1유로가 넘지 않는 경우가 많으니 풍성하게 과일을 즐겨보시기 바랍니다. 동네마다 일주일에 한 번 열리는 라이끼(λαϊκή) 시장에 가면 더 저렴하게 과일과 야채를 살 수 있습니다.

(το) μήλο	사과	(το) αχλάδι	배
(η) μπανάνα	바나나	(το) πορτοκάλι	오렌지
(το) μανταρίνι	귤	(το) λεμόνι	레몬
(η) φράουλα	딸기	(το) κεράσι	체리
(το) βερίκοκο	살구	(το) ροδάκινο	복숭아
(το) καρπούζι	수박	(το) πεπόνι	멜론
(το) σταφύλι	포도	(το) ρόδι	석류
(η) ντομάτα	토마토	(το) αγγούρι	오이
(η) πιπεριά	고추/파프리카	(το) κρεμμύδι	양파
(το) λάχανο	양배추	(το) καρότο	당근
(το) μαρούλι	상추	(το) σπανάκι	시금치
(η) πατάτα	감자	(η) κολοκυθάκι	애호박
(η) μελιτζάνα	가지	(το) παντζάρι	비트
(το) μπρόκολο	브로콜리	(το) καλαμπόκι	옥수수
(ο) μαϊντανός	파슬리	(το) φρέσκο κρεμμύδι	파

● **무엇을 어디에서 사나요?**

그리스에서는 슈퍼마켓 이외에도 음식의 종류별로 특화된 가게들이 많습니다.

《(το) **ψαράδικο/ιχθυοπωλείο** 생선가게》

ψάρι	생선

《(το) **σούπερ μάρκετ** 슈퍼마켓》

τρόφιμα	식료품	μακαρόνια	파스타
τυριά	치즈류	ζάχαρη	설탕
γάλα	우유	καφές	커피
ρύζι	쌀	αλεύρι	밀가루
αυγά	계란		

《(το) **μανάβικο** 청과가게》

φρούτα	과일	λαχανικά	야채

《(το) **κρεοπωλείο** 정육점》

κρέας	고기

《(ο) **φούρνος** 베이커리》

ψωμί και γλυκά	빵과 디저트류

《(η) **κάβα** 와인가게》

ποτά	주류	κρασί	와인
μπίρες	맥주		

《(η) **λαϊκή** 라이끼*》

🖉 TIP

라이끼

동네마다 일주일에 한 번 장이 서는데 여기서는 식료품 이외에도 속옷, 그릇 등 다양한 물건들을 구입할 수 있기 때문에 별도의 예를 들지 않았습니다.

γραμματική

● 수량 형용사 πόσος-πόση-πόσο (얼마나)

형용사와 마찬가지로 뒤에 어떤 성, 수, 격을 가진 명사가 오느냐에 따라 알맞은 형태를 사용해야 합니다. 형용사는 명사를 꾸며주는 역할을 하므로 항상 명사와 짝이라는 점을 유의해야 합니다. 아래 표에는 전체 변화가 제시되어 있지만 이번 과에서는 목적격을 주로 사용하므로 그 부분을 중점적으로 학습하겠습니다.

구분	격	남성	여성	중성
단수	주격	πόσος	πόση	πόσο
	소유격	πόσου	πόσης	πόσου
	목적격	**πόσο**	**πόση**	**πόσο**
복수	주격	πόσοι	πόσες	πόσα
	소유격	πόσων	πόσων	πόσων
	목적격	**πόσους**	**πόσες**	**πόσα**

Πόσο κιμά θέλουμε για το φαγητό;
그 음식을 만들려면 다진 고기가 얼마나 필요한가요?

→ (o) κιμάς, 남성명사의 목적격으로 κιμά, 따라서 그 앞에는 남성 단수 목적격인 πόσο가 옵니다.

Πόση φέτα χρειαζόμαστε για την πίτα;
이 파이를 만들려면 페타치즈가 얼마나 필요한가요?

Πόσο σπανάκι θέλετε;
시금치가 얼마나 필요하세요?

Πόσους μήνες μένεις στην Ελλάδα;
그리스에 머문 지 몇 달 되었나요?

Πόσες ώρες διαβάζεις κάθε μέρα;
매일 몇 시간씩 공부해요?

Πόσα χρήματα χρειάζεσαι;
돈이 얼마나 필요해요?

● 부사 πόσο

'얼마/얼마나'라는 의미로, 부사는 동사를 수식하므로 동사와 짝인 품사입니다. 즉, 뒤에
동사가 나오면 부사를 사용하며, 부사는 형용사처럼 변화하지 않고 항상 같은 형태로 쓰
입니다.

Πόσο κάνει/έχουν/κοστίζουν; 이거 얼마예요? (단수)

Πόσο κάνουν/έχουν/κοστίζουν; 이것들은 얼마예요? (복수)

● Μέλλοντας Α   Α동사의 미래형

현재	미래
διαβάζ-ω	θα διαβάσω
διαβάζ-εις	θα διαβάσεις
διαβάζ-ει	θα διαβάσει
διαβάζ-ουμε	θα διαβάσουμε
διαβάζ-ετε	θα διαβάσετε
διαβάζ-ουν(ε)	θα διαβάσουν(ε)

-ζω -νω	σ	διαβάζω ~을 읽다, 공부하다	θα διαβάσω
		αγοράζω ~을 사다	θα αγοράσω
		αρχίζω 시작하다	θα αρχίσω
		ψωνίζω 쇼핑을 하다, 장을 보다	θα ψωνίσω
		καθαρίζω 청소를 하다	θα καθαρίσω
		κλείνω 닫다	θα κλείσω
		πληρώνω (돈을) 지불하다, 내다	θα πληρώσω
		φτάνω 도착하다	θα φτάσω
-πω -βω -φω -ευω	ψ	λείπω (자리를) 비우다	θα λείψω
		κόβω ~을 자르다	θα κόψω
		γράφω ~을 쓰다	θα γράψω
		χορεύω 춤을 추다	θα χορέψω
		μαγειρέυω 요리를 하다	θα μαγειρέψω
-ζω -κω -γω -χω -χνω	ξ	αλλάζω 바꾸다	θα αλλάξω
		παίζω (게임을) 하다, (연주를) 하다	θα παίξω
		μπλέκω 뜨개질을 하다	θα μπλέξω
		ανοίγω 열다	θα ανοίξω
		τρέχω 달리다	θα τρέξω
		ψάχνω ~을 찾다	θα ψάξω
		φτιάχνω ~을 만들다	θα φτιάξω

〈미래형에서 형태가 변하지 않고 현재형을 그대로 가져가는 동사〉

현재형	미래형	의미
είμαι	θα είμαι	나는 ~ㄹ 것이다.
έχω	θα έχω	나는 ~을 가지고 있을 것이다.
κάνω	θα κάνω	나는 ~을 할 것이다.
ξέρω	θα ξέρω	나는 ~을 알 것이다(알게 될 것이다).
πάω/πηγαίνω	θα πάω	나는 갈 것이다.
περιμένω	θα περιμένω	나는 기다릴 것이다.

A동사의 미래형을 학습하기 위해서는 앞서 배운 현재형 어미변화를 잘 기억하고 있어야 합니다. 위 표에 나타난 특정 자음이 미래형을 나타내기 위해 변하는 형태를 연습하고 어미는 현재형 어미를 그대로 사용하면 미래형을 만들 수 있습니다. 일단 모든 동사의 기본형태(1인칭 단수 현재형 형태: 예 διαβάζω)의 앞에 θα를 붙이고 어간에서 미래형을 알려주는 형태변화 διαβάζ- → διαβάσ-를 한 후에 어미변화는 현재형과 같이 붙이면 미래형이 됩니다. διαβάζω → θα διαβάσ-ω (ω, εις, ει, ουμε, ετε, ουν(ε))

A동사에서는 -ζω로 끝나는 동사는 대부분이 σ로 바뀌지만 ξ로 바뀌는 경우도 있다는 것에 유의합니다.

● 나는 ~을 좋아한다.

'나는 ~을 좋아한다.'라는 표현을 배워봅시다. 'Mου αρέσει'는 동사구이지만 목적어에 해당하는 단어에 주격을 사용합니다. 뒤에 주격이 오는 이유는 '~이 나로부터 좋아함을 받다'의 문법적 구조를 가지기 때문입니다. 보통의 동사들은 목적어를 필요로 하므로 뒤에 목적격이 뒤따르지만, 몇몇 표현들은 문법적으로 주격을 사용합니다. 이러한 경우들을 잘 익혀 사용해야 합니다. 'Mου αρέσει'의 경우 μου의 인칭을 바꾸면 '너, 그 사람, 그들, 우리, 너희들, 그들이 ~을 좋아한다'까지 표현할 수 있습니다.

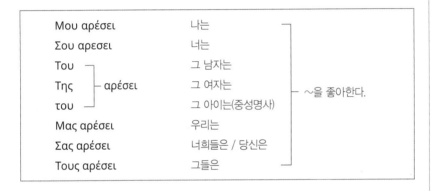

Mου αρέσει	나는
Σου αρεσει	너는
Του	그 남자는
Της ─ αρέσει	그 여자는
του	그 아이는(중성명사)
Μας αρέσει	우리는
Σας αρέσει	너희들은 / 당신은
Τους αρέσει	그들은

(~을 좋아한다.)

좋아하는 대상이 단수인지 복수인지에 따라 동사의 표현이 달라짐을 주의해야 합니다.

나는 ~을 좋아한다.			
Mου αρέσει + 주격 단수		Mου αρέσουν + 주격 복수	
Mου αρέσει	**ο** φυσικός χυμός **η** λεμονάδα **το** κρύο τσάι.	Mου αρέσουν	**οι** φυσικοί χυμοί **οι** σαλάτες **τα** καλαμαράκια

δίάλογοι   🎧 11-3

Διάλογος ❶

πρωί πρωί 아침 일찍

πάμε μαζί
(우리) 같이 가자

αγοράζω 사다

μάλλον 아마도

φτιάχνω 만들다

(η) σαλάτα 샐러드

Αθηνά: **Πού πας πρωί πρωί;**
뿌 빠스 쁘로이 쁘로이?

Λάζαρος: **Στη λαϊκή! Θα αγοράσω φρούτα και λαχανικά. Θα μαγειρέψω εγώ απόψε.**
스띨 라이끼! 따 아고라소 프루타 께 라하니까. 따 마기렙소 에고 아뽑세.

Αθηνά: **Α, ωραία! Κι εγώ θέλω να πάω στη λαϊκή. Πάμε μαζί;**
아, 오레아! 끼 에고 뗄로 나 빠오 스띨 라이끼. 빠메 마지?

Λάζαρος: **Αμέ! Τι θα αγοράσεις;**
아메! 띠 따 아고라시스?

Αθηνά: **Θα αγοράσω κρεμμύδια, αγγούρια και ντομάτες.**
따 아고라소 크레미디아, 앙구리아 께 도마테스.

Λάζαρος: **Μάλλον θα φτιάξεις σαλάτα.**
말론 따 프티악시스 살라타.

Αθηνά: **Ναι, θα φτιάξω χωριάτικη σαλάτα.**
네, 따 프티악소 호리아띠끼 살라타.

아티나:	아침부터 어디 가?
라자로스:	라이끼! 과일이랑 야채를 살 거야. 오늘 저녁에 내가 요리하거든.
아티나:	아, 그렇구나! 나도 라이끼에 가고 싶은데. 같이 갈래?
라자로스:	물론이지! 뭐 살 거야?
아티나:	양파, 오이, 토마토를 살 거야.
라자로스:	샐러드 만들 건가 보네.
아티나:	응, 그릭샐러드를 만들 거야.

Διάλογος ❷

Πωλήτρια: **Ορίστε.**
오리스떼.

(το) μπουκάλι 병

κόκκινος/η/ο 붉은, 빨간

λευκός/ή/ό 흰

Πελάτης: **Καλημέρα! Θα ήθελα ένα μπουκάλι κρασί.**
깔리메라! 따 이뗄라 에나 부깔리 끄라시.

Πωλήτρια: **Κόκκινο ή λευκό;**
꼬끼노 이 레프꼬?

Πελάτης: **Λευκό παρακαλώ.**
레프코 빠라깔로.

117

Πωλήτρια: Σας προτείνω αυτό το κρασί. Είναι από την Σαντορίνη.

사스 쁘로띠노 아프또 또 크라씨. 이네 아뽀 띤 산도리니.

προτείνω 추천하다

Πελάτης: Πόσο έχει;

뽀소 에히?

Πωλήτρια: 10 ευρώ το μπουκάλι.

데까 에브로 또 부깔리.

> 판매원: 어서 오세요.
>
> 손님: 안녕하세요! 와인 한 병을 사려고 하는데요.
>
> 판매원: 레드요 아니면 화이트 와인이요?
>
> 손님: 화이트 와인으로 주세요.
>
> 판매원: 이 와인을 추천 드릴게요. 산토리니산이에요.
>
> 손님: 얼마인가요?
>
> 판매원: 한 병에 10유로예요.

Διάλογος ❸

Νίκος: Πόσες μέρες θα κάνεις διακοπές;

뽀세스 메레스 따 까니스 디아꼬페스?

πόσες μέρες
며칠이나, 며칠 동안, 며칠

Εύα: Δύο εβδομάδες.

디오 에브도마데스.

Νίκος: Πού θα πας;

뿌 따 파스?

Εύα: Θα πάω στην Πάρο.

따 빠오 스띤 파로.

Νίκος: Πολύ ωραία. Καλά να περάσεις.

뽈리 오레아. 깔라 나 뻬라시스.

Εύα: Ευχαριστώ. Καλό καλοκαίρι!

에프하리스또. 깔로 깔로께리!

> 니코스: 휴가를 며칠이나 갈 거야?
>
> 에바: 2주.
>
> 니코스: 어디로 갈 건데?
>
> 에바: 파로스(섬)에 갈 거야.
>
> 니코스: 정말 좋다. 즐겁게 보내.
>
> 에바: 고마워. 여름 잘 보내!

ασκήσεις

1 <보기>와 같이 다음 빈칸에 **πόσος/πόση/πόσο** (수량 형용사), **πόσο** (수량 부사)를 넣어 문장을 완성하세요. (성, 수, 격에 변화가 필요할 경우 형태변화 사용)

──────┤ 보기 ├──────

A: **Πόσο** κρεμμύδι βάζουμε στο φαγητό;

B: Όσο θέλετε.

──────────────────────────

βάζω 넣다, 놓다 등

(το) φαγητό 음식

αρκετός/ή/ό 충분한

(η) λέξη 단어

(η) φέτα 한 조각 또는 장
(예: 치즈 한 장)

(το) ζαμπόν 햄

λεπτός/ή/ό 얇은

(ο) χυμός 주스

(το) ψυγείο 냉장고

μικρός/ή/ό 작은

βράζω 끓이다

(το) σπανάκι 시금치

μόνο ~만

1 A: ＿＿＿＿＿＿＿＿＿ μελιτζάνες θέλουμε;

B: Δύο είναι αρκετές.

2 A: ＿＿＿＿＿＿＿＿＿ ελληνικές λέξεις ξέρεις;

B: Χίλιες!

3 A: ＿＿＿＿＿＿＿＿＿ φέτες ζαμπόν θέλετε;

B: 10 λεπτές φέτες, παρακαλώ.

4 A: ＿＿＿＿＿＿＿＿＿ χυμούς έχει στο ψυγείο;

B: Έχει πέντε μικρούς χυμούς.

5 A: ＿＿＿＿＿＿＿＿＿ χρήματα έχεις στο πορτοφόλι σου;

B: 20 ευρώ.

6 A: ＿＿＿＿＿＿＿＿＿ ώρα βράζουμε τα μακαρόνια;

B: Οκτώ/οχτώ με δέκα λεπτά.

7 A: ＿＿＿＿＿＿＿＿＿ κάνει το σπανάκι;

B: 80 λεφτά το κιλό.

8 A: ＿＿＿＿＿＿＿＿＿ μπίρες έχουμε;

B: Μόνο δύο.

9 A: ＿＿＿＿＿＿＿＿＿ κάνουν τα μαρούλια;

B: Ένα ευρώ το ένα.

2 다음 빈칸에 들어갈 동사의 미래형을 <보기>에서 골라 문장을 완성하세요.

| 보기 |

θα φτάσει   θα διαβάσουν   θα αρχίσει
θα δουλέψουμε   θα φτιάξετε   θα ταξιδέψουμε
θα καθαρίσει   θα γυρίσεις   θα γράψουν

---

1 Αύριο το πρωί ο Χρήστος _____ το σπίτι μας.

2 Του χρόνου μαζί με τους φίλους μας _____ στην Ελλάδα.

3 Το αεροπλάνο φεύγει για την Σεούλ σήμερα στις 8 και _____ εκεί αύριο το βράδυ.

4 Αυτή την εβδομάδα τα παιδιά _____ πολλές ώρες, γιατί την επόμενη εβδομάδα _____ τεστ.

5 Του χρόνου η κόρη μου _____ μαθήματα πιάνου.

6 Παιδί μου, τι ώρα _____ το βράδυ;

7 Το επόμενο καλοκαίρι, οι φίλοι μου κι εγώ _____ σε ένα τουριστκό γραφείο.

8 Κυρία Ελένη, πότε _____ πάλι εκείνο το υπέροχο ψωμί;

(το) σπίτι 집

(το) τεστ 시험

(το) πιάνο 피아노

(το) τουριστικό γραφείο 여행사

πότε 언제

πάλι 다시

υπέροχος/η/ο 환상적인

3 다음 빈칸에 주어진 동사를 미래형으로 바꾸어 문장을 완성하세요.

1 (Εγώ) Θα _____ ένα γράμμα. (γράφω)

2 Θα _____ παστίτσιο, μαμά; (φτιάχνω)

3 (Εμείς) θα _____ ένα τραπέζι στο εστιατόριο. (κλείνω)

4 (Εσείς) θα _____ μαζί στο πάρτι; (χορεύω)

(το) γράμμα 편지

(το) παστίτσιο 파스티치오 (음식 이름)

(το) τραπέζι 식탁

κλείνω ένα τραπέζι (식당에) 자리를 예약하다

(το) εστιατόριο 식당

5 Η Άννα και ο Γιώργος θα _____ στο σπίτι. (μαγειρεύω)

6 Τα παιδιά θα _____ την πόρτα. (ανοίγω)

7 Ο Τάσος κι εγώ θα _____ δώρα το απόγευμα. (αγοράζω)

8 Οι μαθητές θα _____ ένα βιβλίο μέχρι αύριο. (διαβάζω)

(η) πόρτα 문
(το) δώρο 선물
(το) βιβλίο 책

4 다음 빈칸에 들어갈 알맞은 단어를 <보기>에서 골라 쓰세요.

| 보기 |

αρέσει αρέσουν μου σου του της μας σας τους

1 A: Αυτά τα παπούτσια σου _____;

B: Όχι, δεν _____ αρέσουν καθόλου.

2 A: _____ αρέσει το ποδόσφαιρο;

B: Όχι, μου αρέσει το μπάσκετ.

3 Μου _____ τα ελληνικά αλλά δε μου _____ η γραμματική.

4 A: Γιατί δεν τρώτε το φαγητό σας, παιδιά;

B: Δεν _____ αρέσει.

5 Ο Παύλος και η Σοφία σπάνια τρώνε γλυκά. Δεν _____ αρέσουν.

6 Ο Νίκος πάει στη λαϊκή κάθε εβδομάδα. Του _____ τα φρέσκα φρούτα και λαχανικά.

(τα) παπούτσια 신발
(το) ποδόσφαιρο 축구
(το) μπάσκετ 농구
(η) γραμματική 문법
(τα) γλυκά 디저트류

계획 (미래) 금요일 밤에 뭐 할 거야?

Τι θα κάνεις την Παρασκεύη το βράδυ;

διάλογος

🎧 12-1

Πέτρος: Έλα, Γιώργο, τι θα κάνεις την Παρασκευή το βράδυ;
엘라, 요르고, 디 따 까니스 띤 빠라스케비 또 브라디?

Γιώργος: Την Παρασκευή συνήθως παίζω μπάλα με τα παιδιά.
Γιατί ρωτάς;
띤 빠라스케비 시니또스 뻬조 발라 메 따 뻬디아. 야띠 로따스?

Πέτρος: Την επόμενη Παρασκευή είναι τα γενέθλια της Μαρίας
και θα κάνουμε ένα πάρτι-έκπληξη στο σπίτι μας. Θα
έρθεις;
띤 에뽀메니 빠라스케비 이네 따 게네띨리아 띠스 마리아스 께 따 까누메 에나 파르티
엑플릭시 스또 스삐띠 마스. 따 엘띠스?

Γιώργος: Και βέβαια θα έρθω!
께 베베아 따 엘또!

Πέτρος: Ωραία. Κατά τις δέκα το βράδυ στο σπίτι μου.
오레아. 까따 띠스 데까 또 브라디 스또 스삐띠 무.

Γιώργος: Εντάξει. Θα πάρω κρασί.
엔닥시. 따 빠로 끄라시.

Πέτρος: Έγινε, τα λέμε.
에기네, 딸 레메.

페트로스: 여보세요, 요르고, 금요일 밤에 뭐 할 거야?

요르고스: 금요일에는 애들이랑 주로 축구를 해. 왜 물어보는 거야?

페트로스: 다음주 금요일이 마리아 생일이라 우리집에서 깜짝 파티를 해주려고 해.
올 수 있어?

요르고스: 그럼 당연하지 갈게!

페트로스: 좋아. 밤 10시쯤 우리집이야.

요르고스: 알겠어. 와인 가져갈게.

페트로스: 그래, 그때 보자.

λεξιλόγιο

έλα 여보세요, 이리 와, 정말이야? 등 (상황에 따라 다양하게 사용)

(η) Παρασκευή 금요일

(η) Δευτέρα	월요일
(η) Τρίτη	화요일
(η) Τετάρτη	수요일
(η) Πέμπτη	목요일
(η) Παρασκευή	금요일
(το) Σάββατο	토요일
(η) Κυριακή	일요일

(το) βράδυ 저녁

παίζω μπάλα 축구를 하다

γιατί 왜

ρωτάω 묻다

επόμενος/η/ο 다음(의)

(τα) γενέθλια 생일

(το) σπίτι 집

έρχομαι 오다 / 가다 (상황에 따라 한국어로 오다, 가다의 뜻을 모두 가짐)

βέβαια 당연하지, 물론이지

ωραία 좋아

κατά τις 시간(복수) ~시쯤
cf) **κατά τη μία** 1시쯤

εντάξει 알겠어, 좋아, 괜찮아

παίρνω 가지고 가다, 사다

έγινε 그래 (보통 대화가 모두 마무리 되었을 때)

τα λέμε 그때 보자, 다음에 보자, 또 보자

γραμματική

● 미래 **B1, B2**

앞서 살펴본 A유형 동사들과 마찬가지로 B동사 또한 동일한 방식으로 미래를 나타냅니다. B동사는 아래 표와 같이 -ήσω, -άσω, -έσω 3가지 형태로 변화합니다. B동사 기본형에서 -άω/-ώ를 떼어내고 미래형 어미를 붙입니다. 어미변화는 -ω, -εις, -ει, -ουμε, -ετε, -ουν(ε)로 A동사에서 붙였던 현재형 어미변화를 그대로 사용합니다.

B동사 기본형		미래형 어미	B동사 미래형	어미변화 예시
μιλάω	말하다	-ήσω	θα μιλήσω	θα μιλήσω θα μιλήσεις θα μιλήσει θα μιλήσουμε θα μιλήσετε θα μιλήσουν(ε)
απαντάω	(대)답하다		θα απαντήσω	
ρωτάω	묻다		θα ρωτήσω	
συναντάω	~을 만나다		θα συναντήσω	
βοηθάω	~을 돕다		θα βοηθήσω	
αργώ	늦다		θα αργήσω	
τηλεφωνώ	전화를 걸다		θα τηλεφωνήσω	
περπατάω	걷다		θα περπατήσω	
ξυπνάω	(잠에서) 일어나다		θα ξυπνήσω	
διψάω	목마르다	-άσω	θα διψάσω	θα περάσω θα περάσεις θα περάσει θα περάσουμε θα περάσετε θα περάσουν(ε)
πεινάω	배가 고프다		θα πεινάσω	
περνάω	(시간을) 보내다, 지내다		θα περάσω	
ξεχνάω	잊다		θα ξεχάσω	
μπορώ	할 수 있다	-έσω	θα μπορέσω	θα μπορέσω θα μπορέσεις θα μπορέσει θα μπορέσουμε θα μπορέσετε θα μπορέσουν(ε)
καλώ	부르다, 초대하다		θα καλέσω	
φοράω	~을 입다, 착용하다		θα φορέσω	

● **미래 불규칙**

1) 미래로의 변화는 불규칙이지만, 어미변화는 규칙동사의 미래(즉, 현재형 어미)를 그대로 사용하는 경우

현재형	의미	단순미래	어미변화
ακούω	듣다	θα ακούσ**ω** θα ακούσ**εις** θα ακούσ**ει** θα ακούσ**ουμε** θα ακούσ**ετε** θα ακούσ**ουν(ε)**	**-ω** **-εις** **-ει** **-ουμε** **-ετε** **-ουν(ε)**

위와 같이 변화하는 동사 예시		
βάζω	두다, 놓다	θα βάλω
δίνω	주다	θα δώσω
μαθαίνω	배우다	θα μάθω
παίρνω	가져오다, 사다	θα πάρω
μένω	살다, 머물다	θα μείνω
πλένω	씻다	θα πλύνω
στέλνω	보내다	θα στείλω
φεύγω	떠나다	θα φύγω
έρχομαι	오다, 가다	θα έρθω

2) 다른 어미변화를 가지는 경우

현재형	의미	단순미래	어미변화
βλέπω	보다	θα δ**ω** θα δ**εις** θα δ**ει** θα δ**ούμε** θα δ**είτε** θα δ**ούν(ε)**	**-ω** **-εις** **-ει** **-ούμε** **-είτε** **-ούν(ε)**

위와 같이 변화하는 동사 예시		
ανεβαίνω	올라가다	θα ανέβω
κατεβαίνω	내려가다	θα κατέβω
μπαίνω	들어가다	θα μπω
βγαίνω	나가다	θα βγω
λέω	말하다	θα πω

현재형	의미	단순미래	어미변화
τρώω	먹다	θα φά**ω**	-ω
		θα φα**ς**	-ς
		θα φά**ει**	-ει
		θα φά**με**	-με
		θα φά**τε**	-τε
		θα φά**νε**	-νε

위와 같이 변화하는 동사 예시		
πάω	가다	θα πάω

Plus 🍃

〈별도로 시제 변화하지 않고 동사 앞에 **θα**를 붙여 사용하는 동사〉
이 경우 현재형 어미변화를 그대로 사용합니다.

현재형	의미	단순미래
είμαι	~이다	**θα είμαι**
έχω	~을 가지고 있다	**θα έχω**
κάνω	하다	**θα κάνω**
ξέρω	알다	**θα ξέρω**
περιμένω	기다리다	**θα περιμένω**
πάω/πηγαίνω	가다	**θα πάω/πηγαίνω**

εκφράσεις

● 미래 시간표현

αύριο	내일	το μεσημέρι	정오
μεθάυριο	모레	το απόγευμα	오후
το πρωί	아침	το βράδυ	저녁
την επόμενη / άλλη Δευτέρα		다음 월요일	
την επόμενη / άλλη εβδομάδα		다음주	
τον επόμενο / άλλο μήνα		다음달	
του χρόνου		내년	
σε τρία χρόνια		3년 안에	

διάλογοι/κείμενα

🎧 12-2

Διάλογος ❶

Τι θα θέλατε;
= Τι θέλετε;
무엇을 도와드릴까요? /
무엇을 원하세요?

Υπάλληλος: Παρακαλώ, τι θα θέλατε;

Πελάτισσα: Γεια σας. Θα πάμε με τους φίλους μου μία εκδρομή το επόμενο σαββατοκύριακο.

Υπάλληλος: Σε ποιο μέρος θα πάτε;

Πελάτισσα: Θα πάμε στη Μηλο. Θα μου δώσετε μερικές πληροφορίες για την εκδρομή;

Υπάλληλος: Βεβαίως!

직원:	어서오세요, 무엇을 도와드릴까요?
손님(여):	안녕하세요. 다음 주말에 친구들과 여행을 가려고 하는데요.
직원:	어느 지역으로 가세요?
손님:	밀로스에 갈 거예요. 여행에 대해 정보를 좀 주실 수 있을까요?
직원:	물론이죠!

Κείμενο ❷

για + 목적격 ~를 위해

απαντάω 대답하다

περνάω
들르다 / 시간을 보내다

αργώ 늦다

Πέτρο, είναι όλα έτοιμα για το πάρτι. Θέλουμε μόνο κρασί και μπίρες. Πού είσαι και δεν απαντάς στο κινητό σου; Θα περάσεις το απόγευμα από την κάβα; Εγώ δεν μπορώ, γιατί θα αργήσω στο μάθημα.

> 페트로, 파티 준비는 다 되었어. 와인이랑 맥주만 필요해. 어딘데 전화를 안 받아? 오후에 와인 가게에 좀 들를 수 있어? (들렀다 가면) 수업에 늦기 때문에 나는 가지 못하거든.

Διάλογος ❸

Σοφία:	Πέτρο, θέλω να πάρω ένα δώρο για τη Μαρία. Θα με βοηθήσεις;
Πέτρος:	Ναι, κι εγώ πρέπει να πάρω ένα δώρο.
Σοφία:	Πάμε στα μαγαζιά και βλέπουμε!
Πέτρος:	Τι λες γι'αυτή την μπλούζα;
Σοφία:	Καλή είναι, αλλα όχι κίτρινο, σε μάυρο, που της αρέσει.
Πέτρος:	Σας παρακαλώ, υπάρχει σε μάυρο;
Υπάλληλος:	Ορίστε.

소피아: 페트로, 내가 마리아 선물을 하나 사려고 해. 좀 도와줄래?
페트로스: 그래, 나도 선물을 하나 사야 해.
소피아: 가게에 가서 좀 둘러보자!

페트로스: 이 블라우스 어때?
소피아: 예쁜데, 노란색 말고 검은색으로, 마리아가 (검은색을) 좋아해.
페트로스: 혹시 검은색이 있나요?
직원: 여기 있습니다.

ασκήσεις

1 다음 문장에 어울리는 대답을 찾아 연결하세요.

1 Τι θα φας το βράδυ;

2 Πότε θα φύγετε για την Σεούλ;

3 Θα πείτε τα νέα στους φίλους σας;

4 Θα πιούμε κρασί ή μπίρα;

5 Τι ώρα θα έρθει η μαμά;

6 Ο Γιάννης και η Άννα θα βγουν το σαββατοκύριακο;

7 Τι ταινία θα δουν απόψε;

α Θα δούνε μία κωμωδία.

β Θα έρθει στις δέκα.

γ Όχι δεν θα βγουν το σαββατοκύριακο.

δ Όχι, δεν θα πούμε τίποτα.

ε Θα φύγουμε την άλλη Δευτέρα.

στ Εμείς θα πιούμε κρασί, εσύ;

ζ Θα φάω κοτόπουλο με πατάτες.

2 다음 빈칸에 주어진 동사를 활용하여 문장을 완성하세요.

1 Θα _____ τους γονείς σου το βράδυ; (βλέπω)

2 (Εγώ) θα _____ στο πάρτι σου απόψε. (έρχομαι)

3 (Εσείς) θα _____ στον πάνω όροφο; (ανεβαίνω)

4 Η Ειρήνη θα _____ ένα γράμμα στον παππού της. (στέλνω)

5 Αυτοί δεν θα _____ νωρίς αύριο το πρωί. (φεύγω)

6 Εμείς θα _____ στην Αθήνα μέχρι την άλλη εβδομάδα. (μένω)

πάνω 위

(ο) όροφος 층

νωρίς 일찍

μέχρι ~까지 (장소, 시간)

7 Πού θα σε _____ όταν έρθεις; (βρίσκω)

8 Θα σου _____ την διεύθυνσή μου. (δίνω)

(η) διεύθυνση 주소

9 Θα _____ στην εκκλησία, Τατιάνα; (μπαίνω)

(η) εκκλησία 교회

10 Εσείς δεν θα _____ τίποτα; (λέω)

τίποτα
아무것, 아무것도 아니야

3 다음 문장의 밑줄 친 동사(현재형)를 미래시제로 바꾸어 쓰세요.

1 <u>Παίρνεις</u> τηλέφωνο τους γονείς σου;

→ ....

παίρνω τηλέφωνο
+ 목적격 ~에게 전화를 걸다

2 Τα παιδιά <u>πίνουν</u> τον χυμό τους.

→ ....

3 <u>Δίνω</u> ένα δώρο στη φίλη μου.

→ ....

4 <u>Μένουμε</u> στην Αθήνα.

→ ....

5 Η γιαγιά <u>λέει</u> μια ιστορία.

→ ....

6 Η Σοφία <u>τρώει</u> μία τυρόπιτα.

→ ....

7 Παιδιά, <u>βγαίνετε</u>; Πού <u>πάτε</u>;

→ ....

4 다음 문장에서 밑줄 친 부분을 고치세요.

μιλάω στο τηλέφωνο
통화를 하다

τηλεφωνώ σε κάποιον
~에게 전화를 걸다

1 Το βράδυ η Ελένη <u>θα μιλήσεις</u> με τους γονείς της στο τηλέφωνο.

→ --------------------------------

2 Εσείς, <u>θα τηλεφωνήσω</u> τώρα στον φίλο σας ή μετά;

→ --------------------------------

3 Εμείς <u>θα περπατήσετε</u> για λίγο στο πάρκο.

→ --------------------------------

4 Εγώ <u>θα κρατήσουν</u> μία θέση στο θέατρο.

→ --------------------------------

5 Γιώργο, <u>θα οδηγήσετε</u> εσύ ή εγώ;

→ --------------------------------

쇼핑 쇼핑하러 갑시다!

Πάμε για ψώνια!

διάλογος

🎧 13-1

Πωλητής: Καλημέρα. Παρακαλώ.

Πελάτισσα: Καλημέρα! Θέλω να αγοράσω μια άσπρη μπλούζα.

Πωλητής: Ελάτε από' δώ. Αυτή εδώ είναι καλή;

Πελάτισσα: Μια χαρά! Τι τιμή έχει;

Πωλητής: Είναι 35 ευρώ.

Πελάτισσα: Μπορώ να τη δοκιμάσω;

Πωλητής: Βεβαίως! Το δοκιμαστήριο είναι εδώ.

λίγο αργότερα

Πωλητής: Σας πάει πολύ η μπλούζα!

Πελάτισσα: Ναι, μου αρέσει πολύ αυτή η μπλούζα. Θα την πάρω.

Πωλητής: Ορίστε, η μπλούζα σας. Με γεια!

판매원(남): 안녕하세요. 무엇이 필요하세요?

손님(여):   안녕하세요! 흰색 블라우스를 하나 사려고 해요.

판매원: 이쪽으로 오세요. 여기 이건 어떠세요?

손님: 괜찮네요! 얼마예요?

판매원: 35유로입니다.

손님: 입어볼 수 있을까요?

판매원: 물론이죠! 탈의실은 이쪽이에요.

잠시 후

판매원: 정말 잘 어울리네요!

손님: 네, 저도 마음에 드네요. 이걸로 할게요.

판매원: 블라우스 여기 있습니다. 예쁘게 입으세요!

λεξιλόγιο

(η) πωλήτρια
판매원(여)

(ο) πωλητής
판매원(남)

Παρακαλώ.
무엇을 도와드릴까요? / 말씀하세요. / 부탁 드립니다. / 별말씀을요.

Θέλω να 분사(미래형에서 **θα**를 제외한 동사부분)
~하고 싶어요

αγοράζω 사다

άσπρος/η/ο 흰

(η) μπλούζα 블라우스

Ελάτε από' δώ.
이쪽으로 오세요.

καλός/ή/ό 좋은 / 착한

Μια χαρά!
괜찮은데요! / 좋은데요!

Τι τιμή έχει;
얼마인가요?

(το) ευρώ 유로

Μπορώ να 분사(미래형에서 **θα**를 제외한 동사부분)
~할 수 있다

Βεβαίως! 물론이죠!

(το) δοκιμαστήριο
탈의실

εδώ 여기

λίγο αργότερα 잠시 후

σας πάει
당신에게 어울리네요

μου αρέσει
나는 ~을 좋아한다

Θα 목적어 πάρω.
~을 살게요. (본문에서 목적어에
해당하는 τη는 정관사 여성 목적
격으로 블라우스를 지칭)

Ορίστε 여기 있습니다

Με γεια! 예쁘게 입으세요!
(구입한 물건에 따라 '잘 쓰세요'
등의 의미로 사용)

(**γραμματική**)

● Υποτακτική(subjunctive) 접속법/가정법

영어에서 흔히 '가정법'이라고 불리는 문법과 비슷한 용도로 쓰이는 이 문법은 현대 그
리스어에서는 '접속법'이라고도 합니다. 여기서의 용법은 화자가 원하는 바 또는 이루어
지기를 바라거나 일어날 일을 기다릴 때 사용합니다. 다음 예문에서 표시된 동사 부분을
보면서 어떻게 이 문법이 쓰이는지 예상해 봅시다.

Θέλω να έρθεις.	나는 네가 오기를 바란다.
Ας ξεκουραστούμε λίγο.	우리 조금 쉽시다.

본동사 이외에 새로운 동사구가 삽입되어 '~을 하고 싶다(Θέλω να~), ~할 수 있다
(Μπορω να~), ~해야 한다(Πρέπει να~)' 등의 표현을 하는 문법입니다. 형태는 주
어에 맞추어 θα를 제외한 미래형을 사용합니다. (αγοράζω의 미래형은 θα
αγοράσω인데 여기서 θα를 제외한 것을 의미) 그리스어에서 [να + θα를 제외한 미
래형 동사] 형식을 Υποτακτική(subjunctive, 가정법/접속법)이라고 합니다. 다음 표
를 통해 자세히 살펴보겠습니다.

가정법 문장			해석
Θέλω	να	αγοράσω.	나는 ~을 사고 싶다.
		αγοράσεις.	나는 네가 ~을 사기를 원한다.
		αγοράσει.	나는 그가/그녀가 ~을 사기를 원한다.
		αγοράσουμε.	나는 우리가 ~을 사기를 원한다.
		αγοράσετε.	나는 당신들이/당신이 ~을 사기를 원한다.
		αγοράσουν.	나는 그들이 ~을 사기를 원한다.

θέλω 동사의 인칭이 바뀌면 주어가 바뀌게 됩니다.

예를 들어 'Θέλουν να αγοράσουν ένα αυτοκίνητο. (그들은 자동차 한 대를 사
고 싶어 한다.)'에서 위 표의 '나는'이 아닌 '그들은'을 θέλω 동사의 3인칭 복수 θέλουν
을 사용하여 나타냅니다.

Θέλω να	~을 하고 싶다
Θέλει να μάθει ελληνικά.	(그 사람은) 그리스어를 배우고 싶어 한다.
Θέλεις να πάρουμε ένα παγωτό;	(우리) 아이스크림 하나 살까?
Δεν **θέλεις να** βγεις απόψε;	오늘 밤에 외출하고 싶지 않아?

μπορώ να	~할 수 있다

Μπορώ να φύγω πιο νωρίς από το μάθημα;
수업에서 조금 일찍 나가도 될까요?

Μπορείς να δοκιμάσεις το φόρεμα;
그 원피스 입어볼 수 있어?

Δεν **μπορούμε να** κάνουμε γυμναστική τώρα.
우리는 지금 운동을 할 수 없어.

Μπορείτε να υπογράψετε εδώ;
여기 서명해 주실 수 있나요?

Μπορούν να φάνε ό,τι τους αρέσει.
(그들은) 좋아하는 건 무엇이든 먹을 수 있다.

이와 달리 '반드시 ~해야 한다'라는 의무표현은 앞에 쓰이는 경우 변형 없이 항상 3인칭 단수형(πρέπει)을 쓰고, 뒤에 따르는 동사에서 주어에 따라 동사 인칭을 바꿔 줍니다. 일반적 추측에 쓰이는 μπορεί도 마찬가지입니다.

Πρέπει να 동사	~해야 한다

Πρέπει να **φύγω** αμέσως.   나는 당장 떠나야(가야) 해.

Πρέπει να **φύγεις** αύριο.   너는 내일 떠나야 해.

Μπορεί να 동사	~할 수도 있다

Μπορεί να **πάω** στο σινεμά.   나는 영화관에 갈 수도 있다.

Μπορεί να **πάνε** στη δουλειά νωρίς.   그들은 직장에 일찍 갈 수도 있다.

그 밖에 **명령의 표현**에도 가정법/접속법(Υποτακτική)을 사용합니다.

να	~하도록 하세요 / ~하도록 해 / ~해
→ 일반 명령형*에 비해 상하관계에서 위에 있는 사람이 주로 사용하는 형태	

Δεν είσαι καλά; **Να μείνεις** στο σπίτι.   (너) 몸이 안 좋아? 집에 있도록 해.

Δεν είσαι καλά; **Να μην πας** στο μάθημα.   (너) 몸이 안 좋아? 수업에 가지 마.

Να κόψεις το κάπνισμα.   담배를 끊도록 해.

◆ TIP
일반 명령형은 17과 참조

$(εκφράσεις)$

● 색 (Τα χρώματα)

άσπρο	하얀색	μαύρο	검은색	γκρι	회색	καφέ	커피색
πράσινο	초록색	γαλάζιο	하늘색	μπλε	파란색	μοβ	보라색
κίτρινο	노란색	κόκκινο	빨간색	πορτοκάλι	주황색	ροζ	분홍색

색 자체의 명칭은 위와 같이 중성을 사용합니다. 한국어의 '흰 + 색'처럼 '색상 형용사 + 색(명사)'을 사용하는데, 그리스어로 '색'이라는 명사는 중성((το) χρώμα)이기 때문입니다. '어떤 색의 + 명사'를 표현할 때는 형용사 변화를 사용합니다. 단, 변하지 않는 형태를 사용하는 색도 있으니 유의해야 합니다.

άσπρος άσπρη άσπρο	하얀색의	άσπρος τοίχος άσπρη μπλούζα άσπρο σπίτι	하얀 벽 하얀 블라우스 하얀 집
μαύρος μαύρη μαύρο	검은색의	μαύρος γάτος μαύρη φούστα μαύρο παντελόνι	검은 고양이 검은 치마 검은 바지
πράσινος πράσινη πράσινο	초록색의	πράσινος κήπος πράσινη λίμνη πράσινο δέντρο	초록 정원 초록 호수 초록 나무
γαλάζιος γαλάζια γαλάζιο	하늘색의	γαλάζιος ουρανός γαλάζια μπλούζα γαλάζιο φόρεμα	파란 하늘 하늘색 블라우스 하늘색 원피스
κίτρινος κίτρινη κίτρινο	노란색의	κίτρινος φάκελος κίτρινη πόρτα κίτρινο κτήριο	노란 봉투 노란 문 노란 건물
κόκκινος κόκκινη κόκκινο	빨간색의	κόκκινος μύλος κόκκινη σάλτσα κόκκινο πρόσωπο	빨간 풍차 레드 소스 붉은 얼굴

다음 색상들은 뒤따르는 명사의 성에 관계없이 그대로 사용됩니다.

γκρι	회색의	καφέ	커피색의	μπλε	파란색의
μωβ	보라색의	πορτοκαλί	주황색의	ροζ	분홍색의

<u>γκρι</u> ουρανός / <u>γκρι</u> μπλούζα / <u>γκρι</u> κτήριο

135

● 쇼핑 관련 표현   🎧 13-2

Μπορώ να δοκιμάσω;	입어봐도/신어봐도 되나요?
Τι νούμερο φοράτε;	사이즈가 어떻게 되세요?
Μπορείτε να μου δώσετε το medium σας παρακαλώ;	미디엄 사이즈 좀 주시겠어요?
Σας πάει/πάνε πολύ!	당신에게 정말 잘 어울려요!
Να βάλω κάρτα αλλαγής;	교환카드를 넣어 드릴까요?
Είναι για δώρο;	선물하실 건가요?
Θα πληρώσετε με κάρτα ή με μετρητά;	계산은 카드로 하실 건가요 현금으로 하실 건가요?
Με γεια!	새 물건을 샀을 때 하는 인사 (잘 쓰세요, 예쁘게 입으세요/신으세요 등)

의류		장신구	
(το) παλτό	코트	(τα) γυαλιά	안경
(το) μπουφάν	점퍼	(τα) γυαλιά ηλίου	선글라스
(το) σακάκι	재킷	(το) καπέλο	모자
(το) κοστούμι	양복	(το) μαντίλι	손수건, 스카프
(το) παντελόνι	바지	(το) κασκόλ	목도리
(το) σορτς	반바지	(τα) γάντια	장갑
(η) ζακέτα	카디건	(η) τσάντα	가방
(το) πουλόβερ	스웨터	(η) γραβάτα	넥타이
(η) μπλούζα	블라우스, 티셔츠	(το) πορτοφόλι	지갑
(το) πουκάμισο	양복셔츠	(η) ζώνη	벨트
(το) φόρεμα	원피스, 드레스	(το) ρολόι	시계
(η) φούστα	치마	신발	
(το) μαγιό	수영복	ένα ζευγάρι παπούτσια	신발 한 켤레
(τα) εσώρουχα	속옷	(τα) αθλητικά παπούτσια	운동화
(το) καλσόν	타이즈, 스타킹	(οι) μπότες	부츠
(οι) κάλτσες	양말	(τα) πέδιλα	샌들
(το) κολάν	레깅스	(οι) σαγιονάρες	슬리퍼

διάλογοι 🎧 13-3

Διάλογος ❶

ψάχνω 찾다
εκεί 저기
(η) μουσική 음악
σκέφτομαι 생각하다
επειδή 왜냐하면

Ειρήνη: Τι ψάχνουμε τώρα;

Γιώργος: Ένα δώρο για τον Μίνσου. Μήπως βλέπεις τον πωλητή;

Ειρήνη: Ναι, εκεί είναι.

Γιώργος: Γεια σας. Ψάχνουμε ένα CD για δώρο. Είναι για έναν φίλο μας.

Πωλητής: Τι μουσική ακούει ο φίλος σας;

Γιώργος: Δυστυχώς δεν ξέρουμε. Όμως σκεφτόμαστε για ελληνική μουσική επειδή μαθαίνει ελληνικά.

Πωλητής: Πώς σας φαίνεται αυτό; Είναι του Χατζιδάκι.

Ειρήνη: Α, ναι είναι καλό! Εντάξει, λοιπόν, αυτό θα πάρουμε.

Γιώργος: Ευχαριστώ πολύ.

Πωλητής: Παρακαλώ.

이리니: 지금 우리 뭘 찾아야 해?
요르고스: 민수에게 줄 선물. 혹시 판매원 보이니?
이리니: 응, 저기 있어.
요르고스: 안녕하세요. (우리는) 선물할 CD를 하나 찾고 있어요. 친구를 위한 거예요.
판매원: 친구분은 어떤 음악을 좋아하시나요?
요르고스: 불행히도 몰라요. 하지만 친구가 그리스어를 배워서 그리스 음악을 생각하고 있어요.
판매원: 이건 어때요? 하지다키스 음악이에요.
이리니: 아, 네 좋아요! 그러면 됐네요, 이거 살게요.
요르고스: 정말 감사합니다.
판매원: 아닙니다.

Διάλογος ②

Πωλητής:	Καλησπέρα σας! Θέλετε βοήθεια;
Πελάτισσα:	Ναι, θα ήθελα ένα ζευγάρι μπότες.
Πωλητής:	Ωραία, για τις μπότες πάμε από' δώ.
Πελάτισσα:	Μου αρέσουν πολύ αυτές εκεί που έιναι στη βιτρίνα, οι καφέ. Πόσο κάνουν;
Πωλητής:	150 ευρώ. Είναι δερμάτινες!
Πελάτισσα:	Α, είναι πολύ ακριβές!
Πωλητής:	Λοιπόν, εκείνες εκεί σας αρέσουν; Κάνουν 70 ευρώ.
Πελάτισσα:	Ναι, μου αρέσουν. Μπορώ να τις δοκιμάσω;
Πωλητής:	Τι νούμερο φοράτε;
Πελάτισσα:	Φοράω 37. Σε καφέ χρώμα παρακαλώ.

(η) βιτρίνα
쇼윈도, 진열장

δερμάτινος/η/ο
가죽으로 된

δοκιμάζω
신어보다, 입어보다, 시도하다

판매원: 안녕하세요! 도움이 필요하세요?
손님: 네, 부츠 한 켤레를 사려고 해요.
판매원: 그렇군요, 부츠는 여기부터 있어요.
손님: 저기 쇼윈도에 있는 커피색 부츠가 마음에 드네요. 얼마예요?
판매원: 150유로예요. 가죽입니다!
손님: 아, 많이 비싸네요!
판매원: 그럼, 저기 있는 건 마음에 드세요? 70유로예요.
손님: 네, 좋네요. 신어볼 수 있나요?
판매원: 사이즈가 어떻게 되나요?
손님: 37사이즈요. 커피색으로 부탁 드려요.

Διάλογος ③

καταπληκτικός/ή/ό
신나는, 아주 멋진

(η) κολλητή
아주 친한 친구 (여)

(ο) κολλητός
아주 친한 친구 (남)

τέλεια 아주 좋아, 완벽해

(η) πρώτη φορά 처음

(το) μουσείο 박물관

Ειρήνη: Παιδιά, έχω καταπληκτικά νέα! Αύριο έρχεται η κολλητή μου φίλη από την Ιταλία!

Γιώργος: Τέλεια!

Σοφια: Είναι η πρώτη της φορά στην Αθήνα;

Ειρήνη: Ναι! Θέλετε να κάνουμε κάτι όλοι μαζί αυτό το σαββατοκύριακο;

Σοφία: Γιατί όχι; Πού λέτε να πάμε;

Ειρήνη: Στην Φραντσέσκα, την κολλητή μου, αρέσουν πολύ τα μουσεία.

Γιώργος: Μπορούμε να πάμε στο Μουσείο Μπενάκη.

Ειρήνη: Καλή ιδέα!

이리니: 얘들아, 신나는 소식이 있어! 내일 이탈리아에서 가장 친한 내 친구가 와!

요르고스: 멋지다!

소피아: (그 친구는) 아테네에 처음 오는 거야?

이리니: 응! 이번 주말에 다 같이 뭘 하면 어떨까?

소피아: 거절할 이유가 없지, 어디에 갈 생각이야?

이리니: 내 친구 프란체스카는 박물관을 좋아해.

요르고스: 베나키 박물관에 갈 수 있겠네.

이리니: 좋은 생각이야!

ασκήσεις

1 다음 중 알맞은 색상 형용사를 고르세요.

1 Το δέντρο είναι (πράσινος / πράσινη / πράσινο).

2 Σήμερα η Πηνελόπη φοράει μία (μαύρος / μαύρη / μαύρο) φούστα.

3 Η ντομάτα είναι (κόκκινος / κόκκινη / κόκκινο).

4 Η θάλασσα είναι (γαλάζιος / γαλάζια / γαλάζιο).

5 Η μπλούζα είναι (κίτρινος / κίτρινη / κίτρινο).

6 Ο τοίχος είναι (άσπρος / άσπρη / άσπρο).

7 Το αυτοκίνητο είναι (μαύρος / μαύρη / μαύρο).

8 Μου αρέσει το (κόκκινος / κόκκινη / κόκκινο) κρασί.

> **(το) δέντρο** 나무
> **(η) θάλασσα** 바다
> **(ο) τοίχος** 벽
> **(το) αυτοκίνητο** 자동차

2 다음 빈칸에 주어진 동사를 활용하여 가정법(**υποτακτική**)을 넣어 문장을 완성하세요.

1 Ο Δημήτρης θέλει _____ παγωτό. (τρώω)

2 Η Δήμητρα θέλει _____ μία φούστα. (αγοράζω)

3 Ο Γιώργος θέλει _____ τηλεόραση. (βλέπω)

4 Η Μαρία και ο Μάρκος θέλουν _____ μουσική. (ακούω)

5 Αυτοί θέλουν _____ κρασί. (πίνω)

6 Τα παιδιά θέλουν _____. (χορεύω)

7 Ο Πέτρος πρέπει _____ στο σούπερ μάρκετ. (πηγαίνω)

> **(το) παγωτό** 아이스크림
> **(η) εργασία** 숙제, 과제
> **(το) ενοίκιο** 월세

8 Η Σοφία πρέπει _____ στη μητέρα της. (τηλεφωνώ)

9 Ο Τάσος πρέπει _____ ένα γράμμα. (στέλνω)

10 Ο Πάνος και η Μαρία πρέπει _____ τις εργασίες. (γράφω)

11 Ο Πάνος και η Μαρία πρέπει _____ για το μάθημα. (διαβάζω)

12 Ο Πάνος και η Μαρία πρέπει _____ το ενοίκιο. (πληρώνω)

3 다음 빈칸에 주어진 동사를 활용하여 대화를 완성하세요.

> Ζωή: Πέτρο, μπορείς 1 _____ με 2 _____ (βοηθάω) λίγο;
>
> Πέτρος: Ναι, τι θέλεις 3 _____ (κάνω);
>
> Ζωή: Μπορείς 4 _____ (τηλεφωνώ) στη Βιβή και στον Γιόχαν και 5 _____ τους 6 _____ (καλώ) στο πάρτι;
>
> Πέτρος: Εύκολο, τίποτα άλλο;
>
> Ζωή: Να μην ξεχάσεις 7 _____ το 8 _____ (λέω) στα άλλα παιδιά. Μετά μπορείς να έρθεις μαζί μου για τα ψώνια;
>
> Πέτρος: Φυσικά! Δεν μπορείς 9 _____ (φέρνω) όλα αυτά τα ψώνια μόνη σου στο σπίτι.
>
> Ζωή: Ευχαριστώ πολύ!

✏ TIP

혼자서, 스스로

μόνος μου (남)
μόνη μου (여)
나 혼자

μόνος σου (남)
μόνη σου (여)
너 혼자

μόνος του 그 스스로

μόνη της 그녀 혼자서

μόνοι τους
그들 스스로, 그들만

4 <보기>와 같이 가정법(**Υποτακτική**)을 사용하여 문장을 바꾸세요.

─────┤ 보기 ├─────

Σήμερα τρώμε έξω.

→ Σήμερα πρέπει <u>να φάμε</u> έξω.

1 Σήμερα δουλεύουμε.

→ Σήμερα πρέπει _____ .

2 Σήμερα καθαρίζεις εσύ.

→ Είναι η σειρά σου _____ .

3 Σοφία, χορεύουμε;

→ Σοφία, θέλεις _____ ;

4 Κλείνετε λίγο την πόρτα;

→ Μπορείτε _____ ;

5 Φέυγουμε αμέσως.

→ Πρέπει _____ .

σήμερα 오늘
τρώω 먹다
τρώω έξω 외식하다
δουλεύω 일하다
καθαρίζω 청소하다
χορεύω 춤을 추다
κλείνω 닫다
(η) πόρτα 문
φεύγω 떠나다, 출발하다
αμέσως 즉시

주말 1 (과거)　　나는 로마에 갔었어.

Πήγα στην Ρώμη.

λεξιλόγιο

Παρακαλώ.
(전화통화) 여보세요.

(το) παιδί
'아이'의 지소사 = 작은 아이

(το) κινητό 휴대폰

συνέχεια 계속해서

κλειστός/ή/ό 닫힌, 꺼진

Μα πώς;
아니 어떻게(그럴 수 있어?)

τελευταίος/α/ο
마지막(의)

(η) στιγμή 순간

αποφασίζω 결정하다

ψάχνω 찾다, 검색하다

(το) ίντερνετ 인터넷

φθηνός/ή/ό 저렴한

(το) εισιτήριο 표

λίγος/η/ο 조금의, 몇몇

(η) μέρα 날

λοιπόν 그럼

σε κλείνω 전화 끊을게

κλείνω 닫다, 끊다

τα λέμε 나중에 보자, 또 보자, 다음에 보자 등

κατά τις 5 다섯 시쯤

έγινε 그러자, 그래, 알겠어

Μαρία: Παρακαλώ.

Μηνάς: Έλα Μαρία. Τι κάνεις, παιδάκι μου; Πού ήσουν όλο το σαββατοκύριακο; Το κινητό σου ήταν συνέχεια κλειστό!

Μαρία: Πού ήμουν; Στο σπίτι μου.

Μηνάς: Στο σπίτι σου; Τι λες;

Μαρία: Ναι, στο σπίτι μου στην Ρώμη.

Μηνάς: Μα πώς;

Μαρία: Τελευταία στιγμή το αποφάσισα. Έψαξα στο ίντερνετ κι έκλεισα πολύ φθηνά εισιτήρια.

Μηνάς: Πώς πέρασες;

Μαρία: Πέρασα πολύ ωραία, αν και ήταν λίγες μέρες. Λοιπόν σε κλείνω τώρα, γιατί έχω δουλειά. Τα λέμε αύριο από κοντά;

Μηνάς: Εντάξει. Στο «Γιασεμί» κατά τις 5;

Μαρία: Έγινε. Γεια.

마리아: 여보세요.

미나스: 마리아, 뭐 하고 지내? 주말 내내 어디 있었어? 휴대폰이 계속 꺼져있던데!

마리아: 내가 어디 있었냐고? 집에 있었지.

미나스: 집에 있었다고? 무슨 소리야?

마리아: 응, 로마에 있는 우리집에 있었어.

미나스: 아니 어떻게?

마리아: 마지막 순간에 결정됐어. 인터넷에서 아주 저렴한 표를 찾아서 예약했거든.

미나스: 어떻게 보냈어?

마리아: 며칠뿐이었지만 정말 즐겁게 보냈어. 나 지금 끊어야 해, 일이 있거든. 내일 얼굴 보고 이야기할까?

미나스: 그래. ≪야세미≫에서 5시에 볼까?

마리아: 그러자. 안녕.

● **Αόριστος** (단순과거) **A동사**

A동사의 단순과거 형태를 전체적으로 정리해 보면 다음과 같습니다. 현재형에서 -ζω 또는 -νω로 끝나는 동사들은 각각 ζ, ν가 σ로 바뀌고 앞에서 배운 과거형 어미를 붙입니다. 같은 논리로 -πω, -βω, -φω, -ευω로 끝나는 동사는 'ψ + 과거형 어미'를 붙여 과거로 바꾸고, -ζω, -κω, -γω, -χω, -χνω로 끝나는 동사는 'ξ + 과거형 어미'를 붙입니다.

앞선 과에서 미래형을 잘 익혔다면 위의 과정은 필요하지 않습니다. 미래형에서 θα를 제외하고 남은 동사부분 어미만 과거 어미변화(-α, -ες, -ε, -αμε, -ατε, -αν(ε))로 바꿔주면 쉽게 과거형을 만들 수 있습니다.

> Θα αγοράσω 〉 αγοράσ- + (-α, -ες, -ε, -αμε, -ατε, -αν(ε))

현재형	단순과거형 변화	현재형 (Ενεστώτας)	단순과거형 (Αόριστος)
-ζω* -νω	〉 -σα	αγοράζω ετοιμάζω γνωρίζω γυρίζω αφήνω πληρώνω τελειώνω κλείνω φτάνω χάνω	αγόρασα ετοίμασα γνώρισα γύρισα άφησα πλήρωσα τελείωσα έκλεισα έφτασα έχασα
-πω -βω -φω -ευω	〉 -ψα	λείπω κόβω γράφω δουλεύω ταξιδεύω	έλειψα έκοψα έγραψα δούλεψα ταξίδεψα
-ζω* -κω -γω -χω -χνω	〉 -ξα	παίζω αλλάζω μπλέκω ανοίγω τρέχω δείχνω	έπαιξα άλλαξα έμπλεξα άνοιξα έτρεξα έδειξα

TIP
-ζω로 끝나는 동사는 미래형과 마찬가지로 경우에 따라 σ 또는 ξ로 변하므로, 각 동사에 따라 과거형 변화가 어떻게 이루어지는지에 유의하여 학습하도록 합니다.

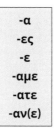

⊘ 단순과거 형태에서 가장 유의할 점은 강세가 반드시 뒤에서 세 번째 음절에 온다는 것입니다. 현재형에서 뒤에서 두 번째 음절에 오던 강세를 다음과 같이 한 음절 앞으로 이동해 줍니다.

δια-βά-ζω → διά-βα-σα
3 2 1   3 2 1

그렇다면 2음절로만 이루어진 동사는 어떻게 끝에서 3번째 음절에 강세를 찍을 수 있을까요? 이러한 경우 뒤에서 3번째 음절의 빈 자리를 ε(엡실론)으로 채워주고 그 자리에 강세를 찍으면 됩니다.

γρά-φω → έ-γρα-ψα
2 1   3 2 1

단순과거형 어미만 떼어 살려보면 다음과 같습니다. A, B동사를 통틀어 같은 단순과거형 어미를 사용합니다.

-α
-ες
-ε
-αμε
-ατε
-αν(ε)

위의 표에서 αγοράζω(사다) 동사를 단순과거로 바꾸면 αγόρασα가 되는데 여기에 맨 마지막 -α자리에 어미를 바꿔 주어를 나타냅니다. 단순과거 변화형에서는 현재형과 달리 강세의 이동이 생긴다는 점과 강세는 반드시 뒤에서 3번째 음절에 온다는 점을 유의해야 합니다.

αγόρα**σα**	나는 ~을 샀다
αγόρα**σες**	너는 ~을 샀다
αγόρα**σε**	그 사람은 ~을 샀다
αγόρά**σαμε**	우리는 ~을 샀다
αγόρά**σατε**	당신들은 ~을 샀다
αγόρα**σαν**	그들은 ~을 샀다

● 불규칙 동사

불규칙 동사는 자주 쓰는 동사인 만큼 유의해서 익히도록 합니다. 한번에 외우는 것보다 다양한 문장을 접하고 반복하는 과정에서 자연스럽게 익숙해지도록 합니다. 가장 초기에 배운 είμαι(~이다)와 έχω(~가 있다) 동사는 과거형에서 불규칙으로 변화하며 자주 쓰이는 동사이기 때문에 잘 익혀두도록 합니다.

είμαι (~이다)	ήμουν(α) ήσουν(α) ήταν(ε) ήμασταν ήσασταν ήταν(ε)	**έχω** (~가 있다)	είχα είχες είχε είχαμε είχατε είχαν(ε)

불규칙 동사 몇 개의 단순과거형 전체 변화를 예로 들면 다음과 같습니다.

πάω (가다)	πήγα πήγες πήγε πήγαμε πήγατε πήγαν(ε)	**βλέπω** (보다)	είδα είδες είδε είδαμε είδατε είδαν(ε)	**τρώω** (먹다)	έφαγα έφαγες έφαγε φάγαμε φάγατε έφαγαν / φάγανε

〈자주 쓰는 불규칙 동사〉

현재형		과거형	현재형		과거형
μένω	살다	έμεινα	πάω / πηγαίνω	가다	πήγα
φεύγω	떠나다	έφυγα	βλέπω	보다	είδα
πλένω	씻다	έπλυνα	πίνω	마시다	ήπια
δίνω	주다	έδωσα	λέω	말하다	είπα
στέλνω	보내다	έστειλα	έχω	~이(가) 있다	είχα
τρώω	먹다	έφαγα	παίρνω	가져오다	πήρα
βάζω	놓다	έβαλα	περιμένω	기다리다	περίμενα
θέλω	원하다	ήθελα	καταλαβαίνω	이해하다	κατάλαβα
ξέρω	알다	ήξερα	μαθαίνω	배우다	έμαθα
μπαίνω	들어가다	μπήκα	βρίσκω	찾다	βρήκα
βγαίνω	나가다	βγήκα	ανεβαίνω	올라가다	ανέβηκα
			κατεβαίνω	내려가다	κατέβηκα

εκφράσεις

● 단순과거(Αόριστς)와 함께 쓸 수 있는 시간 표현

χτες, προχτές	어제, 그제
πέρσι, πρόπερσι	작년, 재작년
την περασμένη εβδομάδα	지난주
τον προηγούμενο μήνα/χρόνο	지난달/작년
πριν (από) δύο/τρεις/τέσσερις/λίγες μέρες	2일/3일/4일/며칠 전
πριν (από) δύο/τρεις/τέσσερις/λίγες εβδομάδες	2주/3주/4주/몇 주 전
πριν (από) δύο/τρεις/τέσσερις/λίγους μήνες	2달/3달/4달/몇 달 전
πριν (από) δύο/τρία/τέσσερα/λίγα χρόνια	2년/3년/4년/몇 년 전

● **υποκοριστικά** 지소사, 약칭

그리스어는 지소사(대상을 작게 보아 지칭하는 것)를 자주 사용합니다. 예를 들어, '커피 마실래요?'라고 묻는 경우 ≪Θέλεις καφέ;≫ 또는 ≪Θέλεις καφεδάκι;≫로 표현 할 수 있습니다. 이 경우 καφέ와 καφεδάκι 의미 자체의 차이는 크지 않으나 조금 더 친근한 표현 정도로 생각하면 됩니다. 사물뿐만 아니라 이름에도 붙일 정도로 그리스인 들은 지소사를 매우 흔히 사용합니다. 일반적으로 우리가 아는 명사 자체보다 지소사를 사용한다면 조금 더 그리스 원어민 같은 표현을 할 수 있습니다.

명사	지소사화 어미	지소사화의 예
ο καφές το κρασί το ούζο η ταβέρνα η Μαρία	-άκι	**το** καφεδάκι **το** κρασάκι **το** ουζάκι **το** ταβερνάκι **το** Μαράκι
η μπίρα η ταβέρνα	-ίτσα	η μπιρίτσα η ταβερνίτσα
η σαλάτα η ταβέρνα	-ούλα	η σαλατούλα η ταβερνούλα
ο Γιώργος	-άκης	ο Γιωργάκης

διάλογοι/κείμενα

🎧 14-2

Διάλογος ①

Πέτρος: Παρακαλώ.

Αγγελική: Έλα Πέτρο, πού είσαι; Σε πήρα πολλές φορές και δεν το σήκωσες!

Πέτρος: Μόλις γύρισα από την Αθήνα. Πήγα εκεί για δουλειές.

Αγγελική: Δεν πήρες μαζί σου το κινητό;

Πέτρος: Ξέχασα να το πάρω έτσι δεν σου τηλεφώνησα.

Αγγελική: Μάλιστα. Πώς πέρασες στην Αθήνα;

Πέτρος: Καλά ήταν, αλλά αφού ήταν για δουλειές δεν είχα χρόνο για βόλτα.

Σε παίρνω (τηλέφωνο) = σου τηλεφωνώ
너에게 전화를 걸다

σηκώνω
들어올리다 / 전화를 받다

μόλις 방금, ~하자마자

ξεχνάω 잊다

αφού ~기 때문에

페트로스: 여보세요.

앙겔리키: 페트로, 너 어디야? 여러 번 전화했는데 안 받더라!

페트로스: 아테네에서 방금 돌아왔어. 일하러 갔었어.

앙겔리키: 휴대폰 안 가지고 갔어?

페트로스: 응 잊어버리고 안 가지고 가서 너한테 전화를 못 했어.

앙겔리키: 알겠어. 아테네에서 어떻게 보냈어?

페트로스: 좋았어, 그런데 일하러 간 거라서 놀 시간은 없었어.

(το) ημερολόγιο 일기장

(το) αεροδρόμιο 공항

παίρνω κάποιον
~를 데려오다 / 가다

(η) πτήση 비행편

καθυστερώ
지연, 연착되다

έτσι 그래서

χαζεύω 구경하다

αγκαλιάζω 포옹하다

φιλάω 입맞추다

καλώς ήρθατε
환영합니다

καλως ήρθες 환영해(요)

✎ **TIP**

그리스식 인사(볼에 입맞추기)
그리스에서는 친한 사람을 만났을 때와 헤어질 때, 양볼을 맞대며 인사를 나눕니다. 입술을 볼에 가까이 대기도 하고, 볼과 볼을 양쪽에 한 번씩 맞대고 입맞추는 소리를 내기도 합니다.

Κείμενο ②

Αγαπημένο μου ημερολόγιο,

Προχτές ήρθε η Τζίσου, η κολλητή μου, στην Αθήνα. Πήγα στο αεροδρόμιο και την πήρα. Η πτήση καθυστέρησε μία ώρα και έτσι χάζεψα λίγο στα μαγαζιά μέσα στο αεροδρόμιο. Μόλις είδα την Τζίσου, την αγκάλιασα, την φίλησα, και της είπα «Καλώς ήρθες στην Ελλάδα!» Η Τζίσου θα μείνει μία εβδομάδα στο σπίτι μου. Θα περάσουμε τέλεια!

나의 친애하는 일기장에게,

그저께 내 가장 친한 친구 지수가 아테네에 왔어. 나는 공항에 가서 지수를 데리고 왔어. 비행기가 한 시간 연착되어서 공항 안에 있는 가게들을 구경했어. 지수를 보자마자 끌어안고 입맞추며* 말했어 ≪그리스에 온 것을 환영해!≫ 지수는 일주일 동안 우리집에 머물 거야. 우린 정말 멋지게 보낼 거야!

Κείμενο ❸

Αγαπητό μου ημερολόγιο,

Πρώτη μέρα σήμερα στο πανεπιστήμιο. Πήγα στη γραμματεία για να πάρω το πάσο. Όλα καλά! Γνώρισα και έναν συμφοιτητή μου έξω από την τάξη. Τον λένε Μάνο και είναι από την Αθήνα. Σπουδάζει ψυχολογία. Είναι πολύ καλό παιδί! Επίσης, γνώρισα μία Ιταλίδα, τη Λάουρα, σπουδάζει Νομικά. Νομίζω ότι θα περάσουμε πολύ ωραία.

πρώτος/η/ο 첫번째

(η) γραμματεία
(행정 업무를 보는) 사무실

(το) πάσο 학생증, 패스

(η) τάξη 교실

γνωρίζω
~을 알게 되다, 만나다

친애하는 나의 일기장에게,
오늘은 대학교에서의 첫날이었어. 나는 학생증을 받으러 사무실에 갔어. 문제 없었지! 교실 밖에서 동급생도 한 명 알게 되었어. 이름은 마노라고 하고 아테네에서 왔어. 심리학을 공부해. 아주 착한 친구야! 또, 라우라라는 이탈리아 친구도 만났는데 이 친구는 법학을 공부해. 우리는 아주 잘 지낼 것 같아.

ασκήσεις

1 다음 동사가 과거형(**A**)인지 현재형(**E**)인지 표시하고 알맞은 곳에 강세를 찍으세요.

1 τρεξαμε (A / E) τρεχω (A / E) ετρεξα (A / E)

2 αφηνουμε (A / E) αφησαν (A / E) αφησε (A / E)

3 εγραψαν (A / E) γραφουμε (A / E) γραψανε (A / E)

4 διαβασες (A / E) διαβαζουν (A / E) διαβασαμε (A / E)

2 다음 밑줄 친 동사를 참고하여 과거형 문장을 완성하세요.

1 Τώρα <u>είμαι</u> στην Κορέα. Πέρσι το καλοκαίρι ＿＿＿＿＿＿＿＿＿ στην Ελλάδα.

2 Τώρα <u>είμαστε</u> με τους φίλους μας στο σινεμά.
   Το πρωί ＿＿＿＿＿＿＿ στο σχολείο.

3 Ο Κώστας και η Ζωή <u>πάνε</u> πάντα στη δουλειά με το μετρό.
   Χτες ＿＿＿＿＿＿＿ με το αυτοκίνητο τους και άργησαν.

4 Ο Φώτης και η Φωτεινή <u>είναι</u> στην ταβέρνα. Πριν από
   τρεις ώρες ＿＿＿＿＿＿＿ στο μουσείο.

5 Τώρα <u>είναι</u> πολυκατοικία. Πρόπερσι ＿＿＿＿＿＿＿ πάρκο.

6 Η Ιωάννα συνήθως <u>πάει</u> διακοπές στο χωριό της στην
   Βέροια. Πέρσι δεν ＿＿＿＿＿＿＿ διακοπές.

7 Τώρα <u>είσαι</u> στην Αθήνα. Πού ＿＿＿＿＿＿＿ πριν από ένα
   μήνα;

(η) ταβέρνα 타베르나

(η) πολυκατοικία
다세대 주택

(το) πάρκο 공원

(το) χωριό 시골

151

❸ 다음 빈칸에 동사 **έχω** 또는 **είμαι** 중 문장과 어울리는 것의 과거형을 쓰세요.

1 Το παλιό σπίτι μας _____ μεγάλο μπαλκόνι.

2 Πέρσι (εγώ) _____ πολλά μαθήματα.

3 Ποιοι _____ οι πρώτοι κάτοικοι της Αμερικής;

4 Σήμερα το πρωί (εγώ) _____ πονοκέφαλο.

5 Πόσοι _____ χτες στην εκδρομή;

παλιός/ά/ό
오래된, 옛날의

(ο) κάτοικος 거주자

(το) πονοκέφαλο
두통

(η) εκδρομή 소풍, 답사

❹ 다음 동사의 과거형과 현재형을 찾아 연결하세요.

1	έφυγαν	α	κλείνω
2	έκαναν	β	αγοράζω
3	είχαν	γ	βρίσκω
4	έκλεισαν	δ	αφήνω
5	αγόρασαν	ε	πίνω
6	έφτασαν	στ	έχω
7	ήπιαν	ζ	φεύγω
8	πήγαν	η	κάνω
9	βρήκαν	θ	τρώω
10	άφησαν	ι	πάω/πηγαίνω
11	έφαγαν	ια	φτάνω

5 다음 문장에 알맞은 대답을 연결하세요.

(το) νησί 섬

(το) γιαούρτι 요거트

(το) μέλι 꿀

(η) κωμωδία
코미디, 희극

1 Τι έφαγες το πρωί;

2 Ήπιες καφέ;

3 Τι πήραν από το νησί;

4 Τα παιδιά ήρθαν από το νησί;

5 Τι ταινία είδατε;

6 Πού πήγατε χτες το βράδυ;

7 Τι φάγατε χτες το μεσημέρι;

8 Τι κάνατε μετά το σινεμά;

9 Κι αυτή η κυρία τι ήθελε;

10 Ποιος ήταν μαζί σας χτες;

α Πήγαμε σινεμά.

β Ναι, ήρθαν αργά χτες το βράδυ.

γ Πήραν δώρα για τους φίλους.

δ Έφαγα λίγο γιαούρτι με μέλι.

ε Δεν κάναμε τίποτα, γυρίσαμε σπίτι.

στ Δεν κατάλαβα τι ήθελε.

ζ Είδαμε μία γαλλική κωμωδία.

η Ήταν ο Γιάννης και η Ιωάννα.

θ Φάγαμε μπριζόλα με πατάτες και σαλάτα.

ι Όχι, δεν ήπια σήμερα.

주말 2 (과거)   여러분은 주말을 어떻게 보냈어요?

Πώς περάσατε το σαββατοκύριακο;

διάλογος

🎧 15-1

Καθηγήτρια: Καλημέρα και καλή εβδομάδα. Πώς περάσατε το σαββατοκύριακο;

Μαρία: Εγώ το Σάββατο έμεινα στο σπίτι και ξεκουράστηκα επειδή ήμουν άρρωστη. Την Κυριακή πήγα για καφέ με μια φίλη μου.

Καθηγήτρια: Εσύ, Παύλο, τι έκανες;

Παύλος: Εγώ πήγα με την οικογένειά μου στους Δελφούς για σαββατοκύριακο. Ήταν πολύ ωραία γιατί δεν έκανε πολλή ζέστη. Περπατήσαμε πολύ και φάγαμε νόστιμα φαγητά.

Σοφία: Ούτε εγώ έμεινα στην Αθήνα το σαββατοκύριακο. Πήγα στην Αίγινα. Είναι μία ώρα απόσταση από τον Πειραιά. Πέρασα πολύ ωραία.

Καθηγήτρια: Ωραία. Εσύ Γιώργο;

Γιώργος: Εγώ πέρασα το σαββατοκύριακο στην Αθήνα. Το Σάββατο το πρωί καφέ και βόλτα στην Πλάκα. Το κακό ήταν ότι έβρεξε ξαφνικά και φύγαμε γρήγορα από το κέντρο. Δεν βγήκα ξανά γιατί το Σάββατο το βράδυ έχει πολλή κίνηση.

λεξιλόγιο

Καλή εβδομάδα.
좋은 한 주 되세요. (월요일에 하는 인사)

Πώς 어떻게

περνάω (시간을) 보내다, 지내다

(το) σαββατοκύριακο 주말

(το) Σάββατο 토요일

μένω 머물다, 살다

ξεκουράζομαι 쉬다

επειδή ~기 때문에

Ήμουν άρρωστη.
나는 아팠다. (말하는 사람이 여성일 때)

την Κυριακή 일요일에

πάω = πηγαίνω 가다

για καφέ 커피를 마시러

(η) οικογένεια 가족

στους Δελφούς
델피에 <σε + 장소(목적격)>

Κάνει πολλή ζέστη
(날씨가) 매우 덥다

περπατάω 걷다

τρώω 먹다

νόστιμος/η/ο 맛있는

(το) φαγητό 음식

ούτε ~도 안 (부정)

(η) Αίγινα 에기나 (피레우스 항구에서 1시간 거리에 있는 섬)

(η) απόσταση 거리

Πέρασα πολύ ωραία.
나는 매우 즐겁게 보냈다.

Το κακό είναι ~
나빴던 것은 ~이다

βρέχει 비가 오다 (βρέχω 동사의 3인칭 단수 현재형)

ξαφνικά 갑자기

φεύγω 떠나다

γρήγορα 빨리

(το) κέντρο 시내, 센터

βγαίνω 나가다

ξανά 다시

γιατί 왜냐하면

Έχει πολλή κίνηση
차가 많이 막히다, 매우 복잡하다

선생님: 안녕하세요 새로운 한 주네요. 여러분은 주말을 어떻게 보냈어요?

마리아: 저는 토요일에 집에서 쉬었어요 몸이 아팠거든요. 일요일에는 친구와 커피 마시러 나간 게 전부예요.

선생님: 파블로는 무엇을 했나요?

파블로스: 저는 주말에 가족과 델피에 갔어요. 날씨가 너무 덥지 않아서 아주 좋았어요. 많이 걸었고 맛있는 음식도 먹었어요.

소피아: 저도 주말에 아테네에 없었어요. 저는 에기나에 갔어요. 에기나는 피레아에서 한 시간 거리에 있어요. 정말 재미있게 보냈어요.

선생님: 좋아요. 요르고는요?

요르고스: 저는 아테네에서 주말을 보냈어요. 토요일 아침에 커피를 마시고 플라카 거리를 걸었어요. 안 좋았던 건 갑자기 비가 와서 급하게 시내에서 돌아와야 했던 거예요. 토요일 저녁에 다시 나가지 않았어요 왜냐하면 토요일에는 어디를 가도 너무 복잡하거든요.

[**γραμματική**]

● **B동사의 단순과거 (Αόριστος)**

B동사는 μιλάω, μπορώ처럼 -άω/-ώ로 끝나는 동사들입니다. 앞서 살펴본 A동사와
마찬가지로 단순과거로 변화하는 여러 형태가 있습니다. 하지만 가장 사용빈도가 높은
변화형태는 -ησα입니다. 여기서도 앞서 B동사의 미래형을 잘 익혔다면 어간을 그대로
가져와 과거형 어미변화만 붙여주면 됩니다.

μιλάω/μιλώ (말하다)	γελάω (웃다)	μπορώ (할 수 있다)
θα μιλήσω	**θα γελάσω**	**θα μπορέσω**
μίλ**ησα**	γέλ**ασα**	μπόρ**εσα**
μίλ**ησες**	γέλ**ασες**	μπόρ**εσες**
μίλ**ησε**	γέλ**ασε**	μπόρ**εσε**
μιλ**ήσαμε**	γελ**άσαμε**	μπορέ**σαμε**
μιλ**ήσατε**	γελ**άσατε**	μπορέ**σατε**
μίλ**ησαν**/μιλ**ήσανε**	γέλ**ασαν**/γελ**άσανε**	μπόρ**εσαν**/μπορέ**σανε**
αγαπάω → αγάπ**ησα** ρωτάω → ρώτ**ησα** απαντάω → απάντ**ησα** βοηθάω → βοήθ**ησα** αργώ → άργ**ησα** τηλεφωνώ → τηλεφών**ησα** συναντάω → συνάντ**ησα** σταματάω → σταμάτ**ησα** ξυπνάω → ξύπν**ησα** κολυμπάω → κολύμπ**ησα**	πεινάω → πείν**ασα** διψάω → δίψ**ασα** χαλάω → χάλ**ασα**	πονάω → πόν**εσα** φοράω → φόρ**εσα** καλώ → κάλε**σα** παρακαλώ → παρακάλε**σα**

앞서 5, 8과에서 B1, B2로 나누어 학습한 B동사는 현재형에서는 어미변화가 달라 구분을 확실히 했지만 단순과거형에서는 어미변화가 동일하므로 따로 구분하지 않습니다.

αγαπάω/αγαπώ		φοράω/φορώ	
-ησα		-εσα	
αγάπ**ησα**		φόρ**εσα**	
αγάπ**ησες**		φόρ**εσες**	
αγάπ**ησε**		φόρ**εσε**	
αγαπ**ήσαμε**		φορ**έσαμε**	
αγαπ**ήσατε**		φορ**έσατε**	
αγάπ**ησαν**/αγαπ**ήσανε**		φόρ**εσαν**/φορ**έσανε**	
μιλάω	αργώ	πονάω	καλώ
απαντάω	ενοχλώ		μπορώ
ρωτάω	εξηγώ		παρακαλώ
ζητάω	ζω		
βοηθάω	μισώ		
μελετάω	οδηγώ		
ξεχνάω	προσπαθώ		
περπατάω	τηλεφωνώ		
ξεκινάω	χρησιμοποιώ		
σταματάω			
συναντάω			
τραγουδάω			
φιλάω			
χαιρετάω			

157

πεινάω/πεινώ	τραβάω/τραβώ	πετάω/πετώ
-ασα	-ηξα	-αξα
πείνασα	τράβηξα	πέταξα
πείνασες	τράβηξες	πέταξες
πείνασε	τράβηξε	πέταξε
πεινάσαμε	τραβήξαμε	πετάξαμε
πεινάσατε	τραβήξατε	πετάξατε
πείνασαν/πεινάσανε	τράβηξαν/τραβήξανε	πέταξαν/πετάξανε
διψάω γελάω χαλάω	φυσάω βουτάω	κοιτάω φυλάω

〈불규칙〉

ζω → έζησα	περνάω → πέρασα ξεχνάω → ξέχασα

Plus 💡 **Γ1, Γ2 동사**

Γ동사는 초급 수준에서 완벽하게 학습할 필요는 없으나 실생활에 많이 쓰이는 동사 일부만 미리 익혀두도록 합니다.

Γ1			Γ2
έρχομαι (가다 / 오다)	**κάθομαι** (앉다)	**κοιμάμαι** (자다)	**φοβάμαι** (무서워하다)
			φοβήθηκα
ήρθα ήρθες ήρθε ήρθαμε ήρθατε ήρθαν(ε)	κάθισα κάθισες κάθισε καθίσαμε καθίσατε κάθισαν/ καθίσανε	κοιμήθηκα κοιμήθηκες κοιμήθηκε κοιμηθήκαμε κοιμηθήκατε κοιμήθηκαν/ κοιμηθήκαν(ε)	**θυμάμαι** (기억하다)
			θυμήθηκα
			λυπάμαι (유감이다 / 슬프다)
			λυπήθηκα
			ξεκουράζομαι (쉬다)
			ξεκουράστηκα

εκφράσεις 🎧 15-2

그리스어에서는 날씨를 이야기할 때, '비가 오다', '눈이 오다'처럼 해당 동사가 있는 경우가 아니면, έχω(~가 있다, ~을 가지고 있다), κάνω(~을 하다) 동사의 3인칭 단수형인 έχει, κάνει를 사용하여 표현합니다. 다음 표현들을 익혀봅시다.

Κάνει ζέστη.	날씨가 더워요.
Κάνει κρύο.	날씨가 추워요.
Έχει ήλιο.	해가 있어요.
Έχει συννεφιά.	구름이 끼었어요.
Βρέχει.	비가 와요.
Χιονίζει.	눈이 와요.
Έχει ομίχλη.	안개가 끼었어요.
Φυσάει. / Έχει αέρα.	바람이 불어요.

Καλό καλοκαίρι!	여름 잘 보내세요!

⊘ 그리스 사람들은 여름 휴가시즌이 시작되면 좋은 여름을 보내라는 인사를 나눕니다.

Καλό χειμώνα!	겨울 잘 보내세요!

⊘ 여름이 지나고 일상으로 돌아오면 아직 겨울이 시작되지 않았지만 이런 인사를 건넵니다.

Τι καιρό έχει / κάνει σήμερα;	오늘 날씨가 어때요?

διάλογοι

🎧 15-3

Διάλογος ❶

Μαρία: Λέγετε.

Μάνος: Έλα Μαρία, ο Μάνος είμαι. Τι γίνεται;

Μαρία: Καλά, Μάνο. Εσύ τι κάνεις;

Μάνος: Καλά. Τηλεφώνησα την Παρασκεύη αλλά δεν ήσασταν σπίτι.

Μαρία: Δεν ήμασταν στην Αθήνα, λείψαμε λίγες μέρες. Πήγαμε στο χωριό.

Μάνος: Α... ωραία! Πώς περάσατε;

Μαρία: Φανταστικά!

> 마리아: 여보세요.
> 마노스: 마리아, 나 마노스야. 잘 지내?
> 마리아: 잘 지내, 마노스. 너는 어때?
> 마노스: 좋아. 지난 금요일에 전화했었는데 너희들 집에 없더라.
> 마리아: 우리 아테네에 없었어, 며칠간 떠났었어. 시골에 갔었거든.
> 마노스: 아... 그렇구나! 어떻게 보냈어?
> 마리아: 환상적으로 (보냈지)!

τι γίνεται; = πώς είσαι; = τι κάνεις;
어떻게 지내?, 잘 지내?, 오늘 (기분이) 어때? 등

λείπω (자리를) 비우다

Διάλογος ❷

Παναγιώτης: Κατερίνα μου, τι έχεις; Δεν σε βλέπω καλά.

Κατερίνα: Ναι. Χτες δεν κοιμήθηκα καλά.

Παναγιώτης: Γιατί;

Κατερίνα: Γιατί χάλασε το κλιματιστικό και είχε πολλή ζέστη όλη την νύχτα!

Παναγιώτης: Τι μου λες; Χωρίς κλιματιστικό με τόση ζέστη;

Κατερίνα: Τι να σου πω Παναγιώτη μου. Νομίζω σήμερα θα κοιμηθώ από νωρίς.

Δεν σε βλέπω καλά.
너 얼굴이 안 좋아 보여.

κοιμάμαι 잠을 자다

χαλάω 고장나다

(το) κλιματιστικό
에어컨

χωρίς ~없이

파나요띠스: 카테리나, 무슨 일이야? 얼굴이 안 좋아 보여.
카테리나: 응. 어제 잠을 잘 못 잤어.
파나요띠스: 왜?
카테리나: 왜냐하면 에어컨이 고장 났는데 어젯밤 내내 너무 더웠기 때문이야!
파나요띠스: 웬일이니? 이렇게 더운데 에어컨 없이?
카테리나: 내 말이, 소피아. 오늘은 일찍부터 잘 것 같아.

(Διάλογος ❸)

(ο) καιρός 날씨 / 시간

γενικά 일반적으로

(ο) χειμώνας 겨울

(το) καλοκαίρι 여름

(η) άνοιξη 봄

(το) φθινόπωρο 가을

Μίνσου: Πώς είναι ο καιρός στην Ελλάδα;

Λουκία: Ο καιρός στην Ελλάδα είναι γενικά καλός. Τον χειμώνα δεν κάνει πολύ κρύο και το καλοκαίρι έχει πολλή ζέστη. Οι Έλληνες αγαπάνε πολύ το καλοκαίρι. Πηγαίνουν διακοπές στα νησιά. Την άνοιξη έχει δροσιά και το φθινόπωρο μερικές φορές βρέχει. Σπάνια χιονίζει στην Αθήνα.

민수: 그리스의 날씨는 어떤가요?
루끼아: 그리스의 날씨는 대부분 좋아요. 겨울에는 많이 춥지 않고 여름에는 매우 더워요. 그리스인들은 여름을 아주 좋아해요. 여름에는 섬으로 휴가를 갑니다. 봄에는 시원하고 가을에는 종종 비가 내려요. 아테네에는 눈이 드물게 옵니다.

161

ασκήσεις

1 다음 빈칸에 주어진 동사를 과거형으로 바꾸어 쓰세요.

1 Γιατί _____ (εσύ); (αργώ)

2 Τι ώρα _____ το πρωί; (ξυπνάω)

3 Σε ποιον _____ χτες το βράδυ; (τηλεφωνώ)

4 _____ (εσείς) καλά στη Χαλκιδική το σαββατοκύριακο; (περνάω)

5 Σοφία, ποιους _____ στο πάρτι σου; (καλώ)

6 Δεν _____ να έρθω γιατί _____ το αυτοκίνητό μου. (μπορώ, χαλάω)

7 Πόσα χρόνια _____ η αδελφή σου στην Κορέα; (ζω)

8 Τι _____ οι φίλοι σου; (φοράω)

9 Γιατί δεν _____ στο μάθημα, Γιώργο; (έρχομαι)

10 Τι ώρα _____ χτες το βράδυ, Ορέστη; (κοιμάμαι)

11 Πού _____ χτες στην συναυλία, παιδιά; (κάθομαι)

12 Το μωρό _____ πολύ. (φοβάμαι)

2 다음 글에서 미래형 동사를 찾아 표시하고 과거형으로 바꾸어 쓰세요.

> Τον επόμενο χειμώνα θα κάνω ένα ταξίδι στη Γαλλία, στο Παρίσι, με μια φίλη μου. Ο άντρας μου δεν θα έρθει μαζί μας, γιατί θα μείνει με τα παιδιά. Θα ταξιδέψουμε με το αεροπλάνο και θα φτάσουμε μέσα σε τρεις ώρες περίπου. Στο αεροδρόμιο θα μας περιμένει η παλιά μας συγκάτοικος, που μένει εκεί. Η φίλη μου κι εγώ θα μείνουμε στο σπίτι της. Θα μιλήσουμε ξανά γαλλικά, ύστερα από πολλά χρόνια, θα περπατήσουμε στην πόλη, θα πάμε σε μουσεία και φυσικά θα πιούμε γαλλικό κρασί. Θα περάσουμε υπέροχα!

------------------------------   ------------------------------

------------------------------   ------------------------------

------------------------------   ------------------------------

------------------------------   ------------------------------

------------------------------   ------------------------------

------------------------------   ------------------------------

3 다음 빈칸에 들어갈 알맞은 동사를 <보기>에서 찾아 쓰세요.

┤ 보기 ├

έψαξε   χτύπησε   βγήκε   ξύπνησε   φόρεσε   κοίταξε

τηλεφώνησε   ήταν   πήρε   περπάτησε   ήταν   πέρασε

Χτες η Δάφνη 1_____ αργά το πρωί,

γιατί δεν 2_____ το ξυπνητήρι.

3_____ γρήγορα γρήγορα ένα παντελόνι κι

ένα πουλόβερ και 4_____ στο γραφείο της

για να πει ότι θα αργήσει λίγο. Δεν 5_____

κανείς εκεί. 6_____ την τσάντα της και

7_____ έξω. 8_____ για

ταξί αλλά δεν 9_____ ούτε ένα. Περίεργο

σκέφτηκε. 10_____ το ρολόι της, ήταν 9.45.

11_____ ως τη στάση του λεωφορείου. Ο

δρόμος 12_____ άδειος. Τότε θυμήθηκε...

ήταν Κυριακή!

(το) ξυπνητήρι 알람시계

γρήγορα 빠르게

(το) γραφείο 사무실

ούτε ~도 아니다

περίεργος/η/ο 이상한

(το) ρολόι 시계

(η) στάση 정류장

άδειος/α/ο 텅 빈

τότε 그제서야 / 그러면

*단순과거형 전체를 복습하는 문제입니다.

4 다음 빈칸에 주어진 동사를 활용하여 과거형 문장을 완성하세요.

Ο Στέλιος σήμερα 1_____ (ξυπνάω) στις 6.30

το πρωί. 2_____ (πλένω) το πρόσωπό του,

3_____ (φτιάχνω) το πρωινό του και 4_____

(πίνω) το καφεδάκι του.

Στις 7.30 5_____ (φεύγω) από το σπίτι.

6_____ (φτάνω) στη δουλειά του στις 8.15

7_____ (μπαίνω) στο γραφείο και 8_____

(χαιρετάω) τους συναδέλφους του.

Έπειτα, 9_____ (κάθομαι) στο γραφείο του και

10_____ (αρχίζω) τη δουλειά.

Στη 1.00 το μεσημέρι 11_____ (σταματάω) και

12_____ (κάνω) ένα διάλειμμα για μεσημεριανό.

위치 은행은 학교 건너편에 있어요.

Η τράπεζα είναι απέναντι από το σχολείο.

κείμενο

🎧 16-1

Ο Τάσος πρώτα θα πάει στην τράπεζα και θα πάρει χρήματα. Η τράπεζα είναι απέναντι από το σχολείο. Μετά θα πάει στο σούπερ μάρκετ και θα αγοράσει μερικά πράγματα που θέλει για το ταξίδι του, όπως οδοντόκρεμα, μπισκότα, νερό κ.λπ. Στη συνέχεια θα περάσει μπροστά από την εκκλησία και θα προχωρήσει ευθεία μέχρι τη λεωφόρο. Εκεί θα βρει το τουριστικό γραφείο και θα πληρώσει τα εισιτήρια του πλοίου. Ακριβώς απέναντι είναι το βιβλιοπωλείο «Πολιτεία». Εκεί θα αγοράσει μερικά καλά βιβλία για να διαβάσει στην παραλία. Τέλος, θα γυρίσει στο σπίτι του. Έχει μεγάλο ταξίδι αύριο.

타소스는 먼저 돈을 찾으러 은행에 갈 것이다. 은행은 학교 건너편에 있다. 그 후에 (타소스는) 슈퍼마켓에 가서 치약, 비스킷, 물 등 여행에 필요한 물건들을 살 것이다. 계속해서 교회 앞을 지나 큰길까지 계속 쭉 갈 것이다. 거기서 여행사 사무실에 들러 배 푯값을 낼 것이다. 바로 반대편에는 폴리티아 서점이 있다. 거기서 (타소스는) 해변에서 읽을 좋은 책들을 살 것이다. 마지막으로, 집에 돌아올 것이다. 내일 (타소스는) 큰 여행을 앞두고 있다.

λεξιλόγιο

πρώτα 먼저

(η) τράπεζα 은행

παίρνω χρήματα
돈을 받다 / 출금하다
(미래: θα πάρω χρήματα)

απέναντι από + 목적격
~건너편에

μετά 다음(에)

(το) σούπερ μάρκετ
슈퍼마켓

αγοράζω 사다
(미래: θα αγοράσω)

μερικά 몇몇

(το) πράγμα 물건

θέλω ~을 원하다

για ~을 위해

το ταξίδι 여행

όπως ~같이 / ~처럼

(η) οδοντόκρεμα 치약

(το) μπισκότο 비스킷

(το) νερό 물

κ.λπ.
등등 (και λοιπά의 약자)

στη συνέχεια 계속해서,
이어서

περνάω 들르다
(미래: θα περάσει)

μπροστά από + 목적격
~앞에 / ~앞으로

(η) εκκλησία 교회

προχωράω (앞으로) 나아가다 (미래: θα προχωρήσει)

ευθεία 직진으로, 쭉

μέχρι ~까지

(η) λεωφόρος 대로, 버스가 다니는 큰길

εκεί 거기

βρίσκω 찾다 (미래: θα βρω)

(το) τουριστικό γραφείο 여행사

πληρώνω (돈을) 지불하다

τα εισιτήρια του πλοίου 배표

ακριβώς 정확하게

(το) βιβλιοπωλείο 서점

«Πολιτεία» 아테네에 있는 유명 서점 이름

(το) βιβλίο 책

διαβάζω 읽다

(η) παραλία 해변

Τέλος 마지막으로

γυρίζω 돌아오다

(το) σπίτι 집

αύριο 내일

🖉 TIP
μακριά 항상 από만 사용
κοντά 항상 σε만 사용

γραμματική

● 전치사 **από** 와 **σε**

그리스어에서 위치를 표현할 때 장소부사와 함께 전치사 από와 σε를 사용하기도 합니다. 장소부사들은 από와 σε 중 하나를 택하여 사용하거나, 두 개를 모두 사용하지만 각각 의미가 다른 경우도 있습니다. 따라서 어떤 전치사와 짝이 되는지, 어떤 조합을 허용하고 그렇지 않은지 잘 익혀두어야 합니다.

Από	출신, 출처, 생산지, 재료, 시작점 등을 나타냄
Σε	어느 장소에 위치함, 목적지, 시간 등을 나타냄

〈주로 **από**를 사용하는 장소부사〉

μακριά*	~(으)로부터 멀리	
έξω	바깥에	
κάτω	아래에	από + τον/την/το 등 [목적격]
πίσω	뒤에	
απέναντι	건너편에	

〈주로 **σε**를 사용하는 장소부사〉

κοντά*	가까이에	
μέσα	안에	
πάνω	위에	σε + τον/την/το (στον, στην, στο 등) [목적격]
ανάμεσα	~와 ~사이에	
δίπλα σε	~옆에	

● **από/σε** + 목적격

μπροστά σε	앞에 (비교적 가까운 앞)	μπροστά από	앞에 (위치 설명)
πάνω σε	위에 (접촉)	πάνω από	위 / 위로 (공간 있음)
γύρω σε	~시 쯤에 (시간)	γύρω από	근처에 (장소)

Έλα **μπροστά στο** γραφείο μου.   내 책상 앞으로 오렴.

Θα σε περιμένω **μπροστά από** το θέατρο.   극장 앞에서 너를 기다릴게.

Τα βιβλία είναι **πάνω στο** τραπέζι.   책이 탁자 위에 있다.

Το αεροπλάνο πετάει **πάνω από** την πόλη.   비행기가 도시 위를 난다.

Γύρω στις 5 θα σε πάρω τηλέφωνο.   5시 쯤에 너에게 전화할게.

Γύρω από το σπίτι μου υπάρχει ένα φαρμακείο.   우리집 근처에 약국이 하나 있다.

(εκφράσεις)

● 길 설명하기

δεξιά	오른쪽	αριστερά	왼쪽
ευθεία	앞으로, 쭉, 직진으로	στρέφω	꺾다
προχωράω	계속 가다	(η) γωνία	코너 / 모서리
(ο) δρόμος	길	πρώτος/η/ο	첫 번째의
δεύτερος/η/ο	두 번째의	(η) πλατεία	광장
κατεβαίνω	내려가다 / 하차하다	ανεβαίνω	올라가다 / 탑승하다
(το) στενό	좁은 길 / 골목길	(το) φανάρι	신호등
Με το αυτοκίνητο	자동차로	Με τα πόδια	걸어서
Έχει συχνά δρομολόγια		배차간격이 좁다	

TIP
다음과 같이 두가지를 사용합니다.
συγγνώμη = συγνώμη

Συγνώμη*, μία ερώτηση να κανω.
실례합니다, 뭐 좀 여쭤보려고요.

Συγνώμη, η οδός .... ξέρετε πού είναι;
실례지만, ~길이 어딘지 아세요?

Η οδός .... ξέρετε πού βρίσκεται;
~길이 어디에 있는지 아세요?

Ψάχνω την οδό ....
저는 ~길을 찾고 있습니다.

Η οδος .... είναι μακριά από εδώ;
~길이 여기서 먼가요?

διάλογοι/κείμενα 🎧 16-2

Κείμενο ❶

Η Φωτεινή βρίσκεται μπροστά από τον φούρνο. Πηγαίνει στο ταχυδρομείο, αλλά είναι 1.50 μ.μ. και σε δέκα λεπτά κλείνει. Περπατάει πολύ γρήγορα. Προχωράει ευθεία, περνάει την παιδική χαρά και φτάνει στη γωνία ΕΙΡΗΝΗΣ και ΥΜΗΤΤΟΥ. Εκεί υπάρχει μία διάβαση. Σταματάει για λίγο. Η ώρα είναι 1.55 μ.μ και το φανάρι είναι κόκκινο. Σε λίγο περνάει απέναντι και αμέσως στρίβει δεξιά, μετά από 20 μέτρα περίπου φτάνει στο ταχυδρομείο.

> 포티니는 빵집 앞에 있습니다. 우체국으로 가는 길인데 1시 50분이라 10분 후에 우체국이 문을 닫습니다. (포티니는) 매우 빨리 걷습니다. 앞으로 쭉 걸어가 놀이터를 지나 이리니와 이미투거리가 만나는 곳에 도착합니다. 거기에는 건널목이 있습니다. 잠시 멈춥니다. 1시 55분이고 신호등은 빨간불입니다. 잠시 후 길을 건너자마자 오른쪽으로 꺾어 20m쯤 가면 우체국에 도착합니다.

βρίσκομαι ~에 위치하다

(ο) φούρνος 빵집

(το) ταχυδρομείο 우체국

προχωράω 계속 나아가다, 향상되다

ευθεία 직진으로, 앞으로

(η) παιδική χαρά 놀이터

(η) διάβαση 건널목

σταματάω 멈추다

(το) φανάρι 신호등

στρίβω (방향을) 꺾다

Διάλογος ❷

Μαρία: Καλημέρα. Τηλεφωνώ για την αγγελία. Ενδιαφέρομαι για το διαμέρισμά σας.

Ιδιοκτήτης: Βεβαίως, θέλετε να έρθετε αύριο να δείτε το διαμέρισμα;

Μαρία: Ωραία, μπορείτε κατά τις 8 το απόγευμα;

Ιδιοκτήτης: Ναι, κανένα πρόβλημα.

Μαρία: Πώς μπορώ να έρθω στο σπίτι;

Ιδιοκτήτης: Είναι πολύ εύκολος ο δρόμος. Παίρνετε το μετρό και κατεβαίνετε στον σταθμό «Συγγρού-Φιξ», και βγαίνετε από την έξοδο «οδός Δράκου/Λεωφόρος Συγγρού». Στο πρώτο στενό στρίβετε αριστερά. Προχωράτε ευθεία και στο δεύτερο στενό κάνετε δεξιά στην οδό Νότη Μπότσαρη. Το σπίτι είναι στον αριθμό 17.

Μαρία: Εντάξει. Σας ευχαριστώ. Τα λέμε αύριο.

Ιδιοκτήτης: Εγώ σας ευχαριστώ. Γεια σας.

(η) αγγελία 공고

ενδιαφέρομαι ~에 관심이 있다

(το) διαμέρισμα 아파트, 집

(η) έξοδο 출구

마리아: 안녕하세요. (집) 광고 보고 전화 드립니다. 그 집에 관심이 있어서요.

집주인: 그럼요, 내일 집을 보러 오시겠어요?

마리아: 좋아요, 오후 8시쯤 가능하세요?

집주인: 네, 문제 없습니다.

마리아: 그 집에 어떻게 가나요?

집주인: 길이 아주 쉬워요. 메트로를 타고 '싱그루-픽스' 역에 내려서 '드라쿠 길/싱그루 대로' 출구로 나오세요. 첫 번째 골목에서 왼쪽으로 꺾으세요. 쭉 걸어오다가 두 번째 골목에서 오른쪽이 노티 보차리 길이에요. 집은 그 길 17번지에 있어요.

마리아: 알겠습니다. 감사합니다. 내일 뵐게요.

집주인: 제가 감사드립니다. 안녕히 계세요.

Διάλογος ❸

Τομ:	Συγνώμη, μήπως ξέρετε πού είναι η Τράπεζα Άλφα;
Μία κυρία:	Ναι, είναι λίγο πιο πάνω, δίπλα στο εστιατόριο «Άριστον».
Τομ:	Είναι μακριά;
Μία κυρία:	Μπα. Περίπου εκατό μέτρα από εδώ.
Τομ:	Ευχαριστώ πολύ. Και... μήπως υπάρχει κανένα φαρμακείο εδώ κοντά;
Μία κυρία:	Φαρμακείο; Είναι δύο στενά από εδώ.
Τομ:	Ευχαριστώ.
Μία κυρία:	Να'στε καλά.

κανένας/καμία/ κανένα 아무도

(το) φαρμακείο 약국

κοντά 가까이

톰: 실례합니다, 혹시 알파은행이 어딘지 아세요?

행인(여): 네, 약간 위쪽에 있는데, 아리스톤 레스토랑 옆이에요.

톰: 거리가 먼가요?

행인: 아니요. 여기서 100m 정도예요.

톰: 감사합니다. 그리고 혹시 이 근처에 약국이 있나요?

행인: 약국이요? 약국은 여기서 두 번째 골목에 있어요.

톰: 감사합니다.

행인: 천만에요.

ασκήσεις

1 다음 빈칸에 들어갈 알맞은 장소부사를 쓰세요.

1 Το Ηρώδειο και το Θέατρο του Διονύσου είναι κ＿＿＿＿＿＿＿＿ από την Ακρόπολη.

2 Η Στοά του Αττάλου είναι α＿＿＿＿＿＿＿＿ από την Αρχαία Αγορά.

3 Οι Στύλοι του Ολυμπίου Διός είναι δ＿＿＿＿＿＿＿ στην Πύλη του Αδριανού.

4 Το αεροδρόμιο είναι μ＿＿＿＿＿＿＿ από το κέντρο.

5 Το Μοναστηράκι είναι κ＿＿＿＿＿＿＿ στην Πλάκα.

6 Η Πλάκα είναι α＿＿＿＿＿＿＿ στους σταθμούς Σύνταγμα και Ακρόπολη.

7 Οι θησαυροί της Ακρόπολης είναι μ＿＿＿＿＿＿＿ στο μουσείο.

8 Ο Παρθενώνας είναι π＿＿＿＿＿＿＿ στον βράχο της Ακρόπολης.

2 다음 빈칸에 전치사 **από** 또는 **σε**를 활용하여 문장을 완성하세요.

1 Το νοσοκομείο είναι μακριά ＿＿＿＿＿＿＿＿＿ σπίτι μου.

2 Ο κινηματογράφος είναι απέναντι ＿＿＿＿＿＿＿＿＿ βιβλιοπωλείο.

3 Ο φούρνος είναι δίπλα ＿＿＿＿＿＿＿ περίπτερο.

4 Το ταχυδρομείο είναι μπροστά ＿＿＿＿＿＿＿＿ σπίτι μου.

5 Η ταβέρνα είναι πίσω ＿＿＿＿＿＿＿ πιτσαρία.

6 Η στάση είναι κοντά ＿＿＿＿＿＿＿ ταβέρνα «Άριστον».

7 Το βιβλίο είναι πάνω ＿＿＿＿＿＿＿ γραφείο μου.

(το) Ηρώδειο
이로디온 (극장)

(το) Θέατρο του Διονύσου
디오니소스 극장

(η) Ακρόπολη
아크로폴리스

(η) Στοά του Αττάλου
아탈로스의 스토아

(η) Αρχαία Αγορά
고대 아고라

(οι) Στύλοι του Ολουμπίου Δίας
제우스 신전

(η) Πύλη του Αδριανού
아드리아누의 개선문

(το) Μοναστηράκι
모나스티라키

(η) Πλάκα 플라카

(οι) θησαυροί της Ακρόπολης
아크로폴리스의 보물

(ο) Παρθενώνας
파르테논

(ο) βράχος 바위

3 다음 그림을 보고 알맞은 장소부사를 사용하여 문장을 완성하세요.

(η) ομπρέλα 우산

(το) τραπέζι 테이블

(η) καρέκλα 의자

1 .... την ομπρέλα υπάρχει ένα τραπέζι.

2 .... τραπέζι δεν υπάρχει κάτι.

3 .... τραπέζι υπάρχουν τέσσερεις καρέκλες.

4 .... το τραπέζι υπάρχει θάλασσα.

5 .... τραπέζι υπάρχει μία ομπρέλα.

4 다음 빈칸에 장소부사를 사용하여 문장을 완성하세요.

1 고양이가 의자 아래에 있습니다.

Η γάτα είναι .... την καρέκλα.

2 소피아의 집은 학교에서 멉니다.

Το σπίτι της Σοφίας είναι .... το σχολείο.

3 책이 책상 위에 있습니다.

Το βιβλίο είναι .... γραφείο.

4 비행기가 도시 위를 납니다.

Το αεροπλάνο πετάει .... την πόλη.

5 연필이 가방 안에 있습니다.

Το μολύβι είναι .... τσάντα.

ΜΑΘΗΜΑ 17

길 설명   너를 기다리고 있어/너를 기다릴게.

Σε περιμένω.

διάλογος 🎧 17-1

Γιώτα: Παρακαλώ;

Πάνος: Έλα Γιώτα, ο Πάνος είμαι.

Γιώτα: Πού είσαι; Σε περιμένω.

Πάνος: Πες μου πώς θα έρθω, γιατί δεν ξέρω την περιοχή και δεν έχω αυτοκίνητο.

Γιώτα: Μένω στο Κουκάκι, στην οδό Δημητρακοπούλου 19. Πάρε μετρό από το Πανεπιστήμιο. Κατέβα στην στάση Ακρόπολη.

Πάνος: Οκέι.

Γιώτα: Πάρε με τηλέφωνο όταν φτάσεις εκεί. Θα έρθω να σε πάρω.

요타: 여보세요?

파노스: 여보세요 요타, 나 파노스야.

요타: 너 어디야? 기다리고 있어.

파노스: 내가 어떻게 가야 할지 말해줘 나 그 지역도 모르고 차도 없거든.

요타: 나는 꾸까끼에 살아, 디미트라코풀루 길 19번지야. 파네피스티미오 역에서 메트로 타고 아크로폴리 역에서 내려.

파노스: 오케이.

요타: 역에 도착하면 전화해. 내가 데리러 나갈게.

λεξιλόγιο

Παρακαλώ 여보세요?

Έλα 여보세요 / 이리 와

Πού είσαι; 너 어디야? / 당신은 어디에 있나요?

Σε περιμένω. (나는) 너를 기다리고 있어.

Πες μου 나에게 말해줘

πώς 어떻게

θα έρθω (내가) 갈게 cf) **έρχομαι** '가다 / 오다' 동사의 미래형

γιατί 왜

ξέρω 알다

(η) περιοχή 지역, 동네

(το) αυτοκίνητο 자동차

μένω 살다

σε ~에 / ~에서

(το) Κουκάκι (아테네에 있는 지역명) 꾸까끼

(η) οδό 길

Πάρε μετρό 메트로를 타 (명령형) cf) **παίρνω μετρό.** (나는) 메트로를 탄다.

κατέβα 내려 (κατεβαίνω의 명령형)

(η) στάση 역

(η) Ακρόπολη 아크로폴리스

174

Οκέι. 그래, ok = εντάξει

Πάρε με τηλέφωνο 나한테 전화해

όταν ~ ~할 때 / ~하면

φτάσεις φτάνω(도착하다) 동사의 2인칭 단수, 미래형

εκεί 거기

σε πάρω 너를 데리러

🖊 TIP
금지의 의미가 들어간 명령은 명령형이 아닌 가정법/접속법을 사용합니다.

(γραμματική)

● **Προστακτική** (명령형)

미래형으로 변화한 동사의 어근에 -ε(2인칭 단수)와 -τε(2인칭 복수)를 붙입니다.

〈기본 규칙〉

명령형 변화	명령형(2인칭 단/복수)	금지 명령형*
γράφω > θα γραψω > γραψ- + **-ε/-τε**	γράψε / να γράψεις γράψτε / να γράψετε	μη γράψεις! μη γράψετε
διαβάζω > θα διαβάσω > διαβάσ- + **-ε/-τε**	διάβασε / να διαβάσεις διαβάστε / να διαβάσετε	μη διαβάσεις! μη διαβάσετε!
μιλάω > θα μιλήσω > μιλησ- + **-ε/-τε**	μίλησε / να μιλήσεις μιλήστε / να μιλήσετε	μη μιλήσεις! μη μιλήσετε!
οδηγώ > θα οδηγήσω > οδηγησ- + **-ε/-τε**	οδήγησε / να οδηγήσεις οδηγήστε / να οδηγήσετε	μην οδηγήσεις! μην οδηγήσετε!

〈불규칙〉

현재형	명령형
βλέπω	δες — δείτε
λέω	πες — πείτε
πίνω	πιες — πιείτε
τρώω	φάε — φάτε
μπαίνω	μπες — μπείτε
βγαίνω	βγες — βγείτε
βρίσκω	βρες — βρείτε
πηγαίνω	πήγαινε — πηγαίνετε (πάτε)
παίρνω	πάρε — πάρτε
ανεβαίνω	ανέβα — ανεβείτε
κατεβαίνω	κατέβα — κατεβείτε
κάθομαι	κάθισε (κάτσε) — καθίστε
έρχομαι	έλα — ελάτε

175

εκφράσεις

● 대명사로 목적어 쓰기

이미 언급한 대상에 대해 이야기할 때는 대명사로 대체해 줍니다. 예를 들어, 다음과 같은 표현에서 이름을 반복하지 않고 정관사의 목적격만 사용하는 것을 볼 수 있습니다. 그리스어에서는 목적어가 이미 언급된 것이거나 상대방이 대화의 대상을 이미 알고 있는 경우에 대명사의 목적격으로 받아 사용합니다. 아래 문장에서 볼 수 있듯이 동사가 맨 뒤로 가고 목적어가 되는 대명사가 앞으로 옵니다.

Ξέρεις τον Κώστα;	너는 코스타(스)를 아니?
Ναι, ξέρω **τον Κώστα**.	네, 저는 코스타(스)를 알아요.
Ναι, **τον** ξέρω.	네, 저는 그(코스타스)를 알아요.
Όχι, δεν ξέρω **τον Κώστα**.	아니요, 저는 코스타(스)를 몰라요.
Όχι, δεν **τον** ξέρω.	아니요, 저는 그(코스타스)를 몰라요.

Τον πατέρα μου τον λένε Γιάννη.
나의 아버지 그의 이름은 야니(스)이다.

Τη μητέρα μου τη λένε Ευγενεία, αλλά τη φωνάζουν Τζένη.
나의 어머니 그녀의 이름은 에브게니아이지만 (사람들은) 그녀를 제니라고 부른다.

Έχω δύο αδελφούς. Τους λένε Γιώργο και Τάσο.
나는 형제가 둘 있다. 그들의 이름은 요르고(스)와 타소(스)이다.

Έχω δύο δίδυμες αδελφές. Τις λένε Κάτια και Ειρήνη.
나는 쌍둥이 자매가 둘 있다. 그녀들의 이름은 카티아와 이리니이다.

εγώ → εμένα → με	Εσύ βλέπεις **εμένα**. 너는 본다 나를.	**Με** βλέπεις. 너는 나를 본다.
εσύ → εσένα → σε	Εγώ βλέπω **εσένα**. 나는 본다 너를.	**Σε** βλέπω. 나는 너를 본다.
αυτός → αυτόν → τον	Εγώ βλέπω **αυτόν**. 나는 본다 그를.	**Τον** βλέπω. 나는 그를 본다.
αυτή → αυτή(ν) → την	Εγώ βλέπω **αυτήν**. 나는 본다 그녀를.	**Την** βλέπω. 나는 그녀를 본다.
αυτό → αυτό → το	Εγώ βλέπω **αυτό**. 나는 본다 그것을.	**Το** βλέπω. 나는 그것을 본다.
εμείς → εμάς → μας	Εγώ βλέπω **εμάς**. 나는 본다 우리를.	**Μας** βλέπω. 나는 우리를 본다.
εσείς → εσάς → σας	Εγώ βλέπω **εσάς**. 나는 본다 당신을/너희들을.	**Σας** βλέπω. 나는 당신을/너희들을 본다.
αυτοί → αυτούς → τους	Εγώ βλέπω **αυτούς**. 나는 본다 그들을.	**Τους** βλέπω. 나는 그들을 본다.
αυτές → αυτές → τις	Εγώ βλέπω **αυτές**. 나는 본다 그녀들을.	**Τις** βλέπω. 나는 그녀들을 본다.
αυτά → αυτά → τα	Εγώ βλέπω **αυτά**. 나는 본다 그것들을.	**Τα** βλέπω. 나는 그것들을 본다.

διάλογοι
🎧 17-3

Διάλογος ❶

Σοφία: Καλημέρα. Έχω αυτό το ειδοποιητήριο.

Υπάλληλος: Δώστε μου την ταυτότητα ή το διαβατήριο σας, παρακαλώ.

Σοφία: Δεν έχω τίποτα από τα δύο μαζί μου, μόνο το δίπλωμα οδήγησης.

Υπάλληλος: Είναι εντάξει και αυτό. Μου το δίνετε και περιμένετε ένα λεπτό.

Υπάλληλος: Ορίστε το δέμα σας.

Σοφία: Ευχαριστώ πολύ. Γεια σας.

Υπάλληλος: Να'στε καλά.

(η) ταυτότητα 신분증
(το) διαβατήριο 여권
(το) δίπλωμα οδήγησης 운전면허증
(το) δέμα 소포

소피아: 안녕하세요. 이 알림종이*가 있어요.
직원: 신분증이나 여권을 저에게 주십시오.
소피아: 둘 중 아무것도 없는데, 운전면허증만 있어요.
직원: 그것도 괜찮습니다. 저에게 주시고 잠시만 기다려 주세요.

직원: 소포 여기 있습니다.
소피아: 정말 감사합니다. 안녕히 계세요.
직원: 안녕히 가세요.

🖊 **TIP**
우편물 통지서
그리스에서는 ems가 아닌 일반 소포가 오면 한국처럼 집으로 배달해 주지 않고, 통지서를 발송합니다. 이 종이와 신분증을 가지고 해당 우체국으로 가면 신분증 확인 후 소포를 받을 수 있습니다.

Διάλογος ❷

Μαρία: Παρακαλώ;

Σωτήρης: Έλα Μαρία, θα έρθεις στο σπίτι μου για καφέ σήμερα;

Μαρία: Ναι, θα έρθω αλλά δεν ξέρω την περιοχή.

Σωτήρης: Δεν είναι πολύ δύσκολο. Θα σου πω πώς θα έρθεις.

Μαρία: Θα έρθω με αυτοκίνητο.

Σωτήρης: Ωραία. Πάρε τη λεωφόρο Πεντέλης και προχώρα ευθεία μέχρι την πλατεία Δούρου. Εκεί στρίψε αριστερά και αμέσως στρίψε δεξιά. Το σπίτι μου είναι στον πρώτο δρόμο. Θα το δεις απέναντι από το σούπερ μάρκετ. Κατάλαβες;

Μαρία: Νομίζω πως ναι!

Σωτήρης: Εντάξει, θα σε περιμένω.

마리아: 여보세요?

소띠리스: 마리아, 오늘 우리집에 커피 마시러 올 거야?

마리아: 응, 갈 건데 그 지역을 잘 몰라.

소띠리스: 그렇게 어렵지 않아. 어떻게 오는지 알려줄게.

마리아: 나 차 가지고 갈 거야.

소띠리스: 좋아. 펜델리스 대로를 타고 직진으로 두로스 광장까지 와. 거기서 좌회전하자마자 우회전을 해. 우리집은 첫 번째 길에 있어. 슈퍼마켓 건너편으로 보일 거야. 알겠지?

마리아: 응 그런 것 같아!

소띠리스: 그래, 기다릴게.

(Διάλογος ❸)

Άντρας: Με συγχωρείτε, μήπως ξέρετε πού είναι το Μουσείο Μπενάκη;

Γυναίκα: Μάλιστα. Παίρνετε την οδό Πανεπιστημίου. Προχωρήστε όλο ευθεία, ως το Σύνταγμα. Βλέπετε δεξιά σας τη Βουλή. Στρίψτε αριστερά στην οδό Βασιλίσσης Σοφίας και προχωρήστε ευθεία πάνω. Το Μουσείο Μπενάκη είναι αριστερά σας.

Άντρας: Ευχαριστώ πολύ!

Γυναίκα: Παρακαλώ.

남자: 실례지만, 베나키 박물관이 어디에 있는지 아세요?

여자: 물론이죠. 파네피스티미우 길로 신타그마까지 쭉 가세요. 오른쪽으로 국회의사당이 보입니다. 왼쪽으로 꺾어서 바실리시스 소피아스 길로 쭉 올라가세요. 왼쪽에 베나키 박물관이 있을 겁니다.

남자: 정말 감사합니다!

여자: 천만에요.

ασκήσεις

1 다음 빈칸에 주어진 동사를 명령형으로 바꾸어 문장을 완성하세요. **(2인칭 단수 명령형)**

1 _____ (αποφασίζω) για τη δουλειά που σε ενδιαφέρει.

2 _____ (βρίσκω) σε ποιο επάγγελμα είσαι καλός/καλή.

3 _____ (μαθαίνω) από τις εφημερίδες και το ίντερνετ τι θέσεις υπάρχουν.

4 _____ (φτιάχνω) ένα καλό βιογραφικό σημείωμα.

5 _____ (γράφω) αναλυτικά για τις σπουδές σου, την επαγγελματική σου εμπειρία.

6 _____ (στέλνω) το βιογραφικό σου σημείωμα σε κάθε επιχείρηση που σε ενδιαφέρει.

7 _____ (τηλεφωνώ) και _____ (βλέπω) αν πήραν το βιογραφικό που έστειλες.

8 Αν σε καλέσουν σε συνέντευξη, _____ (προσπαθώ) να είσαι ήρεμος/ήρεμη και σίγουρος/ σίγουρη για τον εαυτό σου.

αποφασίζω 결정하다

(το) επάγγελμα 직업

(το) βιογραφικό σημείωμα 이력서

αναλυτικά 세부적으로, 자세히

(οι) σπουδές 학력, 학업

(η) εμπειρία 경험

(η) επιχείρηση 회사, 사업체

(η) συνέντευξη 인터뷰, 면접

ήρεμος/η/ο 침착한

σίγουρος/η/ο 확실히

για τον εαυτό σου 너 스스로에게

2 <보기>와 같이 다음 주어진 동사를 사용하여 명령형 문장을 완성하세요.

―| 보기 |―

Φάε τώρα! το φαγητό κρυώνει. (τρωω/εσύ)

지금 먹도록 해! 음식이 식겠어.

1 Παιδιά, _____ τηλεόραση μέχρι αργά! (δεν βλέπω)

2 Σοφία, _____ αμέσως το ασθενοφόρο, η γιαγιά δεν είναι καλά! (παίρνω)

3 Κορίτσια, _____ τον σκύλο έξω το απόγευμα! (βγάζω)

4 _____ το παράθυρο, πριν φύγεις! (κλείνω)

5 _____ την πόρτα, όταν βραδιάσει! (κλειδώνω/εσύ)

6 _____ από το σπίτι μου το βράδυ, κερνάω μπίρες! (έρχομαι/εσύ)

7 _____, κύριε. Ο γιατρός θα σας δει σε λίγο. (κάθομαι)

8 _____ αμέσως μέσα στο σπίτι! Θα κρυώσεις! (πηγαίνω)

9 _____ στη δουλειά! (δεν πηγαίνω/εσύ)

(το) ασθενοφόρο 구급차

(ο) σκύλος 개

κλειδώνω (열쇠 등으로) 잠그다

βραδιάζει 저녁이 되다

κερνάω 사주다, 한턱내다

κρυώνω 춥다, 감기에 걸리다

181

3 대명사를 목적어로 사용하여 문장을 완성하세요.

1 A: Έφαγες τα φρούτα;

  B: Ναι, _____ έφαγα.

2 A: Είδες τον Γιώργο και την Άννα;

  B: Ναι, _____ είδα.

3 A: Έψαξες τις τσάντες;

  B: Όχι, _____ έψαξα.

4 A: Χάρισες τα βιβλία;

  B: Όχι, _____ χάρισα.

4 다음 화자의 문제에 대해 괄호에 있는 표현을 사용하여 명령형으로 조언해주는 문장을 쓰세요.

1 Δεν έχω δουλειά. Τι να κάνω;

  → _____

  (Ψάχνω στις μικρές αγγελίες)

2 Δεν ξέρω ξένες γλώσσες. Τι να κάνω;

  → _____

  (μαθαίνω αγγλικά)

3 Δεν μ'αρέσει η δουλειά μου. Τι να κάνω;

  → _____

  (βρίσκω μια άλλη δουλειά)

4 Δεν ξέρουμε τι ώρα πρέπει να έρθουμε το Σάββατο. Τι να κάνουμε;

  → _____

  (ρωτάω τον διευθυντή)

5 Έχω ραντεβού για μια δουλειά αύριο. Τι να κάνω;

→ ....

(φοράω τα καλά μου ρούχα)

6 Δεν μου εξήγησαν πότε ξεκινάω τη δουλειά. Τι να κάνω;

→ ....

(τηλεφωνώ και ρωτάω)

5 <보기>와 같이 다음 상황을 보고 명령형으로 문장을 만들어 보세요. (부정형에 주의)

──────────────────┤ 보기 ├──────────────────

Κάνει ζέστη.

Άνοιξε το παράθυρο. (ανοίγω το παράθυρο/εσύ)

───

φυσάει 바람이 불다

βρέχει 비가 오다

χιονίζει 눈이 오다

(ο) καύσωνας 폭염

1 Φυσάει σήμερα.

....

(δεν ανοίγω τα παράθυρα/εσείς)

2 Βρέχει εξω.

....

(παίρνω ομπρέλα/εσύ)

3 Χιονίζει.

....

(φοράω ζεστά ρούχα/εσείς)

4 Έχει καύσωνα.

....

(ανάβω το κλιματιστικό / εσείς)

5 Έχει πολύ ήλιο.

(βάζω καπέλο/εσύ)

6 Κάνει πολύ κρύο.

(δεν ξεχνάω το παλτό/εσύ)

6 <보기>와 같이 대명사를 사용하여 질문에 대한 대답을 쓰세요.

───────────────┤ 보기 ├───────────────

Βλέπεις την Ελένη;
→ Ναι, τη(ν) βλέπω. / Όχι, δεν τη(ν) βλέπω.

─────────────────────────────────────

1 Ξέρεις τον Νίκο;

→ .... / ....

2 Αγόρασες τις τσάντες;

→ .... / ....

3 Έδωσες τα δώρα;

→ .... / ....

4 Έφερες τους καφέδες;

→ .... / ....

5 Έγραψες την κάρτα;

→ .... / ....

6 Ήπιες το γάλα σου;

→ .... / ....

7 Έφαγες τον μπακλαβά σου;

→ .... / ....

8 Έφτιαξες την μακαρονάδα;

→ .... / ....

9 Είπες την αλήθεια;

→ .... / ....

10 Βρήκες τα κλειδιά μου;

→ .... / ....

ΜΑΘΗΜΑ 18

증상 저는 열이 39도예요.

Έχω 39 πυρετό.

διάλογος

🎧 18-1

Γιατρός: Σας ακούω. Πείτε μου.

Ιωάννα: Νομίζω ότι είμαι κρυωμένη. Έχω 39 πυρετό εδώ και τρεις μέρες. Παίρνω ασπιρίνη, αλλά δεν πέφτει κάτω από 38. Δεν έχω πολλή όρεξη, νιώθω συνέχεια κουρασμένη...

Γιατρός: Συνάχι;

Ιωάννα: Ναι, ναι. Τρέχει η μύτη μου και πονάει ο λαιμός μου.

Γιατρός: Έχετε βήχα;

Ιωάννα: Ναι, πολύ! Περισσότερο όμως το βράδυ.

Γιατρός: Μάλιστα. Σας γράφω αντιβιοτικά, ένα κάθε 8 ώρες, μετά το φαγητό. Σιρόπι για τον βήχα, πρωί-μεσημέρι-βράδυ, μία κουταλιά της σούπας.

Ιωάννα: Ευχαριστώ πολύ.

Γιατρός: Να'στε καλά!

의사: 자 들어볼게요. 말씀하세요.

요안나: 제가 감기에 걸린 것 같아요. 사흘째 열이 39도예요. 아스피린을 복용하지만 열이 38도 이하로 내려가지 않아요. 입맛도 별로 없고, 계속 피로를 느껴요...

의사: 재채기는요?

요안나: 네, 네. 콧물도 흐르고 목도 아파요.

의사: 기침도 하나요?

요안나: 네, 아주 많이요! 밤에 더 많이 해요.

의사: 알겠습니다. 항생제를 처방해 드릴 테니 8시간에 한 알씩, 식후에 드세요. 기침 물약은 아침 점심 저녁에 한 숟가락씩 드세요.

요안나: 정말 감사합니다.

의사: 별말씀을요!

λεξιλόγιο

ακούω 듣다

λέω 말하다

πες/πείτε μου λέω
나에게 말해봐, 제게 말씀하세요
(동사의 명령형)

νομίζω
~라고 생각하다 (의견)

Είμαι κρυωμένος / κρυωμένη
저는 감기에 걸렸어요

(ο) πυρετός 열

παίρνω (약 등을) 복용하다

(η) αρπιρίνη 아스피린

πέφτω 떨어지다

κάτω από ~아래

(η) όρεξη 입맛, 의욕

νιώθω 느끼다

συνέχεια 계속해서

(το) συνάχι 콧물

Τρέχει η μύτη
콧물이 흐르다

πονάει ο λαιμός
목이 아프다

(ο) βήχας 기침

περισσότερο 더

γράφω 쓰다, 기록하다

(τα) αντιβιοτικά
항생제

(το) σιρόπι 시럽, 물약

186

μία κουταλιά της σούπας 1큰술

Να'στε καλά!
아닙니다! / 별말씀을요!
(단어 그대로 해석하면 '잘 지내세요'로, 상대방이 자신에게 매우 친절하게 대하거나 감사를 표할 때, 예의 바르게 답하는 표현. 한국어로 보면 '별말씀을요' 또는 '과찬이십니다', '아니에요' 등으로 상황에 맞게 해석)

γραμματική

● πολύς / πολλή / πολύ 형용사

'많은'이라는 의미로 명사를 꾸며줍니다.

수	격	남성	여성	중성
단수	주격	πολύς	πολλή	πολύ
	목적격	πολύ	πολλή	πολύ
복수	주격	πολλοί	πολλές	πολλά
	목적격	πολλούς	πολλές	πολλά

Γνωρίζω έναν **πολύ** καλό γιατρό.   나는 아주 좋은 의사를 한 명 알고 있다.
　　　　　형용사 남성 단수 목적격

Δεν ξέρω ένα **πολύ** καλό νοσοκομείο.   나는 좋은 병원을 모른다.

Έχει **πολλή** κίνηση στο κέντρο.   시내에 차가 많이 막힌다.

● πολύ 부사

'많이', '매우'라는 의미로 동사나 부사를 꾸며줍니다.

Μου αρέσει **πολύ** αυτό το βιβλίο.   나는 이 책을 매우 좋아한다.

● 형용사의 비교급: ~보다 더 ~

ο όμορφος	γιατρός	**πιο όμορφος/ομορφότερος**	더 잘생긴 (남성 단수)
	άντρας		
	μαθητής		

Ο Ανδρέας είνα **πιο όμορφος/ομορφότερος** από τον Γιάννη.
안드레아스는 야니**보다** 더 잘생겼다.

η όμορφη γυναίκα **πιο όμορφη/ομορφότερη** 더 예쁜 (여성 단수)
κόρη

Η Άννα είναι **πιο όμορφη/ομορφότερη** από την Ελένη.
아나는 엘레니보다 더 예쁘다.

το όμορφο μωρό **πιο όμορφο/ομορφότερο** 더 잘생긴 (중성 단수)
παιδί
φόρεμα

Το παιδί είναι **πιο όμορφο/ομορφότερο** από τον Γιάννη.
이 아이는 야니(스)보다 더 잘생겼다.

Οι όμορφοι άνδρες **πιο όμορφοι/ομορφότεροι** 더 잘생긴 (남성 복수)

Ο Νικ και ο Τζον είναι **πιο όμοφοι/ομορφότεροι** από τους φίλους τους.
닉과 존은 그들의 다른 친구들보다 더 잘생겼다.

Οι όμορφες γυναίκες **πιο όμορφες/ομορφότερες** 더 예쁜 (여성 복수)

Η Άννα και η Σοφία είναι **πιο όμορφες/ομορφότερες** από τις φίλες τους.
안나와 소피아는 그들의 다른 (여자)친구들보다 더 예쁘다.

Τα όμορφα μωρά **πιο όμορφα/ομορφότερα** 더 예쁜 (중성 복수)

Τα παιδιά μας είναι **πιο όμορφα/ομορφότερα** από τα άλλα παιδιά.
우리 아이들은 다른 아이들보다 더 예쁘다.

● 형용사 비교급 불규칙

형용사 기본		수	비교급 (더 ~한) / 규칙	같은 의미 / 불규칙
좋은	καλός καλή καλό	단수	πιο καλός πιο καλή πιο καλό	καλύτερος καλύτερη καλύτερο
	καλοί καλές καλά	복수	πιο καλοί πιο καλές πιο καλά	καλύτεροι καλύτερες καλύτερα
큰	μεγάλος μεγάλη μεγάλο	단수	πιο μεγάλος πιο μεγάλη πιο μεγάλο	μεγαλύτερος μεγαλύτερη μεγαλύτερο
	μεγάλοι μεγάλες μεγάλα	복수	πιο μεγάλοι πιο μεγάλες πιο μεγάλα	μεγαλύτεροι μεγαλύτερες μεγαλύτερα
나쁜	κακός κακή/κακιά κακό	단수	πιο κακός πιο κακή πιο κακό	χειρότερος χειρότερη χειρότερο
	κακοί κακές κακά	복수	πιο κακοί πιο κακές πιο κακά	χειρότεροι χειρότερες χειρότερα
많은	πολύς πολλή πολύ	단수	πιο πολύς πιο πολλή πιο πολύ	περισσότερος περισσότερη περισσότερο
	πολλοί πολλές πολλά	복수	πιο πολλοί πιο πολλές πιο πολλά	περισσότεροι περισσότερες περισσότερα

● **최상급**

최상급은 다음의 방법으로 만들며, 둘의 의미는 같습니다.

---

1) 정관사(ο, η, το) + 비교급 (πιο) + 형용사   →   ο πιο έξυπνος
                                                η πιο έξυπνη
                                                το πιο έξυπνο

2) 정관사(ο, η, το) + 비교급 (-τερος/η/ο)   →   ο εξυπνότερος
                                                η εξυπνότερη
                                                το εξυπνότερο

형용사	최상급 (가장 ~한)

νόστιμος
νόστιμη
νόστιμο
(맛있는)
	ο πιο νόστιμος / **η πιο** νόστιμη / **το πιο** νόστιμο
	ο νοστιμό**τερος** **η** νοστιμό**τερη** **το** νοστιμό**τερο**
	⊙ ο πιο νόστιμος καφές
	  = ο νοστιμότερος καφές 가장 맛있는 커피
	  η πιο νόστιμη πίτα
	  = η νοστιμότερη πίτα 가장 맛있는 파이
	  το πιο νόστιμο ψωμί
	  = το νοστιμότερο ψωμί 가장 맛있는 빵

ωραίος
ωραία
ωραίο
(예쁜, 잘생긴, 좋은)
	ο πιο ωραίος / **η πιο** ωραία / **το πιο** ωραίο
	ο ωραιό**τερος** **η** ωραιό**τερη** **το** ωραιό**τερο**
	⊙ ο πιο ωραίος άντρας
	  = ο ωραιότερος άντρας 가장 잘생긴 남자
	  η πιο ωραία φούστα
	  = η ωραιότερη φούστα 가장 예쁜 치마
	  το πιο ωραίο φαγητό
	  = το ωραιότερο φαγητό 가장 좋은 음식

εκφράσεις 🎧 18-2

● 몸이 아플 때

Είμαι άρρωστος/άρρωστη.	몸이 아파요. (자신이 남성일 때/자신이 여성일 때)
Είμαι κρυωμένος/κρυωμένη.	저는 감기에 걸렸어요. (자신이 남성일 때/자신이 여성일 때)
Έχω πυρετό.	열이 있어요.
Έχω πονοκέφαλο.	두통이 있어요.
Τρέχει η μύτη μου.	콧물이 흘러요.
Έχω συνάχι.	콧물이 나와요.
Πονάει ο λαιμός μου.	목이 아파요.
Πονάει το δόντι μου.	이가 아파요.
Βήχω.	기침을 해요.

● 쾌유를 빌 때

Περαστικά σου!	빨리 나아!
Περαστικά σας!	쾌차를 빕니다!

● 병원 관련

Πηγαίνω στον γιατρό.	의사에게 가다. = 병원에 가다.
το ιατρείο	병원*
το νοσοκομείο	종합병원

TIP
한국에서 흔히 가는 소규모 병원으로 의사가 자택이나 사무실 등에서 운영하는 형태

● 신체 관련

το κεφάλι	머리	το μέτωπο	이마
τα μάγουλα	볼	τα μάτια	눈
η μύτη	코	το στόμα	입
τα χείλια	입술	τα αυτιά	귀
ο λαιμός	목	ο ώμος	어깨
το στήθος	가슴	η κοιλιά	배
η μέση	허리	η πλάτη	등
τα χέρια	팔, 손	ο αγκώνας	팔꿈치
η παλάμη	손바닥	τα δάχτυλα των χεριών	손가락
τα δάχτυλα των ποδιών	발가락	τα πόδια	다리, 발
τα γόνατα	무릎	η πατούσα	발바닥

διάλογοι   🎧 18-3

Διάλογος ❶

Ασθενής: Καλησπέρα.

Γιατρός: Γεια σας. Παρακαλώ, καθίστε. Σας ακούω.

Ασθενής: Είμαι χάλια τις τελευταίες μέρες. Νιώθω πόνους στο στήθος, έχω έντονο πονοκέφαλο. Βήχω κιόλας.

Γιατρός: Πήρατε κάποιο φάρμακο;

Ασθενής: Πήρα μόνο ασπιρίνη, αλλά δε με βοήθησε.

Γιατρός: Ξαπλώστε για να σας δω.

Γιατρός: Δεν είναι κάτι σοβαρό, μια απλή ίωση. Θα σας γράψω μία συνταγή για φάρμακα.

Ασθενής: Ευχαριστώ πολύ! Γεια σας.

Γιατρός: Στο καλό!

Σας ακούω. 말씀하세요.

Είμαι χάλια. (몸이/기분이) 안 좋아요.

έντονος/η/ο 강한

ξαπλώνω 눕다

σοβαρός/ή/ό 심각한

(η) ίωση 바이러스 질환

γράφω μια συνταγή 처방전을 쓰다

(το) φάρμακο 약

Στο καλό! 안녕히 가세요!

환자: 안녕하세요.
의사: 안녕하세요. 앉으세요. 말씀해 보세요.
환자: 요 며칠 몸이 안 좋아요. 가슴에 통증이 있고, 두통이 심해요. 기침도 하고요.
의사: 약은 드셨나요?
환자: 아스피린만 먹었는데, 별 소용이 없었어요.
의사: 여기 누워보세요, 좀 볼게요.

의사: 심각한 건 아니고 단순한 감염이에요. 약을 지을 처방전을 써 드릴게요.
환자: 정말 감사합니다! 수고하세요.
의사: 안녕히 가세요!

193

Διάλογος 2

Γιατρός: Καλημέρα. Περάστε παρακαλώ.

Πάνος: Καλημέρα, γιατρέ!

Γιατρός: Καθίστε. Ποιο είναι το πρόβλημά σας;

Πάνος: Πονάει το πόδι μου πάρα πολύ. Σήμερα το πρωί έπεσα στις σκάλες του σπιτιού μου και χτύπησα.

Γιατρός: Για να δω... Πονάτε εδώ;

Γιατρός: Μμμ... μην ανησυχείτε, δεν είναι πολύ σοβαρό. Πάρτε αυτή την κρέμα που θα σας γράψω.

Πάνος: Ευχαριστώ πολύ.

Γιατρός: Να είστε καλά.

의사:	안녕하세요. 이쪽으로 오세요.
파노스:	안녕하세요, 의사선생님!
의사:	앉으세요. 어디가 불편하세요?
파노스:	다리가 많이 아파요. 오늘 아침에 집 계단에서 넘어져 다쳤어요.
의사:	어디 봅시다... 여기가 아프신가요?
의사:	음... 걱정하지 마세요, 매우 심각하진 않아요. 처방전에 써 드린 연고를 사서 바르세요.
파노스:	정말 감사합니다.
의사:	별말씀을요.

Διάλογος 3

Γιατρός: Πώς πάει, Νίκο; Πώς νιώθεις σήμερα;

Νίκος: Γιατρέ, σήμερα νιώθω πολύ καλύτερα. Έχω μόνο λίγο πυρετό και φτερνίζομαι πού και πού.

Γιατρός: Μην ανησυχείς. Δεν είναι κάτι σοβαρό. Θα βγεις από το νοσοκομείο σήμερα. Όμως για να γίνεις καλά πρέπει να κάνεις ακριβώς αυτά που θα σου πω.

Νίκος: Ό,τι πείτε γιατρέ μου!

의사:	좀 어때요, 니코스 씨? 오늘은 기분이 어떤가요?
니코스:	의사선생님, 오늘은 한결 더 나은 거 같아요. 약간의 열이 있고 가끔 재채기를 해요.
의사:	걱정 말아요. 심각하지 않아요. 오늘 퇴원할 수 있습니다. 그래도 완쾌하려면 제가 말한 것들을 정확히 지키셔야 해요.
니코스:	의사선생님 말씀이라면 뭐든지 할게요!

Περάστε. 들어오세요.

(το) πρόβλημα 문제

πέφτω στις σκάλες 계단에서 넘어지다

χτυπάω 부딪히다

(η) κρέμα 연고, 크림

πώς πάει; 좀 어때(요)?

όμως 하지만, 그래도

ακριβώς 정확히

ό,τι 무엇이든지

ασκήσεις

1 다음 빈칸에 **πολύς** / **πολλή** / **πολύ** 형용사와 부사 **πολύ**를 사용하여 문장을 완성하세요.

1 Έχω _____ φίλους στην Ελλάδα.

2 Σήμερα άργησα στη δουλειά μου, γιατί είχε _____ κίνηση στον δρόμο.

3 Γιατρέ μου, εδώ και _____ καιρό έχω πονοκέφαλο.

4 A: Χρόνια _____ και καλά.
   B: Ευχαριστώ _____.

5 Δεν ήρθε _____ κόσμος στο μάθημα σήμερα.

6 _____ πέζοι στην Αθήνα δεν προσέχουν στο δρόμο.

7 _____ ησυχία υπάρχει σήμερα στο σπίτι. Τι έγινε;

8 Αυτή η άσκηση με το «πολύς» είναι _____ δύσκολη.

2 다음 문장에 어울리는 대답을 찾아 연결하세요.

1 Έχεις πυρετό;

2 Πώς είσαι σήμερα;

3 Είναι κάτι σοβαρό;

4 Θα κάνεις αυτό που σου λέω;

5 Θα έρθεις γρήγορα στο σπίτι μου;

α Όχι, μην ανησυχείς!

β Δεν μπορώ. Έχω πολλές δουλειές να κάνω.

γ Βέβαια! Ό,τι πείτε!

δ Ναι, 38,8.

ε Α, νιώθω πολύ καλύτερα!

3 다음 중 빈칸에 들어갈 가장 알맞은 비교급 표현을 고르세요.

1 Η Μελίνα είναι .... από τη Μαρία.

(α) πιο όμορφος/ομορφότερος

(β) πιο όμορφη/ομορφότερη

(γ) πιο όμορφο/ομορφότερο

2 Το αυτοκίνητό μου είναι .... από το αυτοκίνητό σου.

(α) πιο γρήγορος/γρηγορότερος

(β) πιο γρήγορη/γρηγορότερη

(γ) πιο γρήγορο/γρηγορότερο

3 Το Κουκάκι είναι .... περιοχή από το Παγκράτι.

(α) πιο ακριβός/ακριβότερος

(β) πιο ακριβή /ακριβότερη

(γ) πιο ακριβό/ακριβότερο

4 Ο αδελφός μου είναι .... από εμένα. Είναι 10 χρονών αλλά εγώ είμαι 18.

(α) πιο μικρός/μικρότερος

(β) πιο μικρή/μικρότερη

(γ) πιο μικρό/μικρότερο

5 Αυτά τα φαγητά είναι .... από τα φαγητά της ταβέρνας.

(α) πιο νόστιμοι/νοστιμότεροι

(β) πιο νόστιμες/νοστιμότερες

(γ) πιο νόστιμα/νοστιμότερα

6 Ο Βασιλής και ο Λεωνίδας είναι _____ από τη Γιάννα και την Αντωνία.

(α) πιο ψηλοί/ψηλότεροι

(β) πιο ψηλές/ψηλότερες

(γ) πιο ψηλά/ψηλότερα

7 Ο Χρήστος είναι _____ από όλους τους φίλους του.

(α) ο πιο ψηλός

(β) πιο ψηλός/ψηλότερος

(γ) πιο ψηλά/ψηλότερα

8 Το ποδήλατο είναι _____ από όλα τα μέσα μεραφοράς.

(α) πιο αργό/αργότερο

(β) το πιο αργό

(γ) πιο αργά/αργότερα

4 다음 빈칸에 주어진 표현을 참고하여 비교급 문장을 완성하세요.

1 Σήμερα κάνει ζέστη _____ από χτες. (πολύς-πολλή-πολύ)

2 Ο Μιχάλης είναι _____ από τον Τάσο. (κακός-κακή-κακό)

3 Οι ιδέες σου είναι _____ από τις ιδέες του Κώστα. (καλός-καλή-καλό)

4 Το σπίτι σου είναι _____ από το σπίτι μου. (μεγάλος-μεγάλη-μεγάλο)

5 Η γιαγιά μου είναι _____ από τον παππού μου. (μεγάλος-μεγάλη-μεγάλο)

⑤ 다음 명령문을 해석하세요. **(17과 복습)**

1 Πιάστε τη μύτη σας.

→ --

2 Πιάστε το στόμα σας.

→ --

3 Πιάστε την πλάτη σας.

→ --

4 Πιάστε το πόδι σας.

→ --

5 Πιάστε την κοιλιά σας.

→ --

6 Πιάστε το χέρι σας.

→ --

ΜΑΘΗΜΑ 19

(여행) 즐겁게 보내!

Καλά να περάσεις!

λεξιλόγιο

πότε 언제

φεύγω 떠나다

επόμενος/η/ο 다음

(η) Τετάρτη 수요일('~요일'를 표현할 때는 목적격 사용 → την Τετάρτη)

αρχίζω 시작하다
cf) **θα αρχίσω** 시작할 것이다 (미래)

(η) ετοιμασία 준비

για ~을 위한

(το) ταξίδι 여행

κανονίζω 결정하다, 계획하다, 처리하다

αρκετά 충분히 (부사)

(το) πράγμα 어떤 것, 물건, 어떤 일

Τι πρέπει να κάνεις; (너는) 무엇을 반드시 해야 하니?

Λέω να ~ 나는 ~해야 할 것 같아

πρώτα 먼저 (부사)

ζητάω 요청하다
να ζητήσω (가정법/접속법)

καινούργιος/α/ο 새로운, 새~

(το) διαβατήριο 여권

(η) αστυνομία 경찰(서)

επίσης 또한

διάλογος

🎧 19-1

Σοφία: Πότε φεύγεις Πάυλο;
Παύλος: Την επόμενη Τετάρτη.
Σοφία: Έχεις πολλά να κάνεις;
Παύλος: Ναι, αύριο το πρωί πρέπει να αρχίσω τις ετοιμασίες για το ταξίδι. Έχω να κανονίσω αρκετά πράγματα!
Σοφία: Τι πρέπει να κάνεις;
Παύλος: Λέω πρώτα να ζητήσω καινούργιο διαβατήριο στην αστυνομία. Πρέπει επίσης, να ρωτήσω στην Πρεσβεία της Κορέας πόσο καιρό θέλει η βίζα και πόσο κάνει. Έτσι, θα μπορέσω να αποφασίσω πότε ακριβώς μπορώ να φύγω.
Σοφία: Α... έχεις πολλά να κανονίσεις. Καλά να περάσεις στην Κορέα!
Παύλος: Ευχαριστώ πολύ.

소피아: 파블로, 언제 떠나?
파블로스: 다음주 수요일에.
소피아: 할 일이 많아?
파블로스: 응, 내일 아침에는 꼭 여행 준비를 시작해야 해. 준비해야 할 것들이 꽤 많거든!
소피아: 뭘 해야 하는데?
파블로스: 먼저 경찰서에 가서 새 여권을 신청해야 할 거 같아. 그리고 한국 대사관에서 비자 발급에 얼마나 걸리는지, 비용은 얼마인지 물어봐야 해. 그래야 내가 언제 떠날 수 있는지 결정할 수 있거든.
소피아: 아... 할 일이 많구나. 한국에서 즐겁게 보내!
파블로스: 정말 고마워.

γραμματική

● 부사 만들기 (1): -α로 끝나는 유형

대부분의 형용사는 남성, 여성, 중성을 나타내는 어미자리(-ός/ή/ό, -ος/α/ο 등)를 -α
로 바꾸면 부사로 만들 수 있습니다.

형용사		부사	
καλός καλή καλό	좋은	καλά	좋게, 잘, 좋아
ωραίος ωραία ωραίο	아름다운, 멋진	ωραία	아름답게, 좋아

● 부사 만들기 (2): -ως로 끝나는 유형

대부분의 경우는 위의 -α로 부사를 만들지만 예외적으로 -ής/ής/ές 변화형을 가지는
형용사는 어미가 -ως로 바뀝니다. (초급 단계에서 -ης/ης/ες 변화형은 주요 변화형이
아니므로 참고 정도로 알아둡니다.)

형용사		부사	
ακριβής ακριβής ακριβές	정확한	ακριβώς	정확히 / 정확하게
διεθνής διεθνής διεθνές	국제적인	διεθνώς	국제적으로

〈불규칙〉

형용사		부사	
πολύς πολλή πολύ	많은	πολύ	많이

ρωτάω 묻다
να ρωτήσω (가정법/접속법)

(η) πρεσβεία 대사관

(η) πρεσβεία της
Κορέας 한국 대사관

πόσο καιρό?
얼마나? (시간)

(η) βίζα 비자

πόσο κάνει?
얼마인가요? (가격)

έτσι 그래서, 따라서

αποφασίζω
결정하다, 결심하다
να αποφασίσω
(가정법/접속법)

ακριβώς 정확히 (부사)

Καλά να περάσεις
즐겁게 보내

στην Κορέα 한국에서

Ευχαριστώ πολύ.
정말 감사합니다. / 정말 고마워.

● 부사 비교급: 더 ~하게

αργά	느리게
ωραία	아름답게

⇨

πιο αργά	더 느리게
πιο ωραία	더 아름다운 / 더 아름답게

〈불규칙〉

καλά	좋게
κακά / άσχημα	나쁘게
λίγο	적게
πολύ	많이
απλά	단순하게

⇨

πιο καλά = καλύτερα	더 좋게
πιο κακά / πιο άσχημα = χειρότερα	더 나쁘게
πιο λίγο = λιγότερα	더 적게
πιο πολύ	더 많이
πιο απλά = απλούστερα	더 단순하게

εκφράσεις

● 여행 관련 표현

(ο/η) επιβάτης	승객	(η) εκδρομή	여행, 답사
(η) κρουαζιέρα	크루즈	(το) δρομολόγιο	여행일정, 노선
(η) πτήση	비행편	(η) αναχώρηση	출발
(η) άφιξη	도착	κλείνω εισιτήρια	표를 예매하다
κάνω κράτηση	예약하다	(το) διαβατήριο	여권
(η) βίζα	비자	(το) πακέτο	패키지
(το) ξενοδοχείο	호텔	(το) δωμάτιο	방

μονόκλινο	1인실	δίκλινο	2인실
τρίκλινο	3인실	τετράκλινο	4인실

(τα) ενοικιαζόμενα δωμάτια	민박(rooms to let)
(το) κάμπιγκ	캠핑

διάλογοι   🎧 19-2

Διάλογος ❶

Φάνης: Ειρήνη μου, μπήκε το καλοκαίρι! Πάμε ένα ταξιδάκι;

Ειρήνη: Ναι, πάμε!

Φάνης: Πού λες να πάμε; Βουνό ή θάλασσα;

Ειρήνη: Προτιμώ την θάλασσα. Το καλοκαίρι πρέπει να πάμε στην θάλασσα!

Φάνης: Ωραία. Άκουσα ότι τις επόμενες μέρες θα έχει πιο καλό καιρό και θα κάνουμε και μπάνιο!

Ειρήνη: Ας πάμε Σπέτσες. Έχει προσφορές.

Φάνης: Ναι, εκεί δεν είναι μακριά από την Αθήνα. Έχει πολύ ωραίες παραλίες.

Ειρήνη: Εντάξει! Καλό μας ταξίδι!

파니스: 이리니, 여름이 시작됐어! 여행 한번 갈까?
이리니: 그래, 가자!
파니스: 어디로 가고 싶어? 산 아니면 바다?
이리니: 난 바다를 선호해. 여름에는 바다에 가야지!
파니스: 좋아. 내가 들었는데 앞으로 며칠간 날씨가 좋다니까 수영도 하겠다!
이리니: 스페체스에 가자. 할인도 하네.
파니스: 그래, 거긴 아테네에서 멀지 않아. 멋진 해변도 많고.
이리니: 좋았어! 즐거운 여행하자!

Διάλογος ❷

Υπάλληλος: Ξενοδοχείο «Φιλοξενία». Καλημέρα σας.

Πελάτης: Καλημέρα σας. Θα ήθελα ένα δωμάτιο για πέντε μέρες.

Υπάλληλος: Για πότε;

Πελάτης: Από 12 Ιουλίου ως 17 Ιουλίου. Για δύο άτομα.

Υπάλληλος: Ένα λεπτό να κοιτάξω. Έχουμε ένα δίκλινο.

Πελάτης: Πόσο κοστίζει η διανυχτέρευση;

Υπάλληλος: Είναι 100 ευρώ τη βράδια.

Πελάτης: Τέλεια! Θέλω να κλείσω αυτό το δωμάτιο.

(το) ταξίδι (ταξιδάκι: 지소사 표현) 여행

(το) βουνό 산

προτιμάω/-ώ ~를 선호하다

(η) προσφορά 할인

Καλό ταξίδι! 좋은 여행되세요!

(το) δωμάτιο 방

(το) άτομο 사람

ένα λεπτό 잠시만요

κοιτάζω 쳐다보다 / 확인하다

(η) διανυχτέρευση 1박

203

직원: ≪필로크세니아≫ 호텔입니다. 안녕하세요.

손님: 안녕하세요. 5일 동안 방 하나를 예약하고 싶은데요.

직원: 언제 말씀이시죠?

손님: 7월 12일부터 17일까지요. 두 명이 쓸 방이요.

직원: 잠시만요 확인해 보겠습니다. 2인실이 하나 있습니다.

손님: 1박에 얼마인가요?

직원: 1박에 100유로입니다.

손님: 좋아요! 그 방으로 예약하고 싶습니다.

Διάλογος ❸

Υπάλληλος: Παρακαλώ, τι θα θέλατε;

Πελάτης: Γεια σας. Θα πάμε με την οικογένειά μου μια εκδρομή το επόμενο σαββατοκύριακο στην Σαντορίνη. Μπορείτε να μου δώσετε μερικές πληροφορίες;

Υπάλληλος: Μάλιστα. Τι θέλετε ακριβώς να ξέρετε;

Πελάτης: Τι περιλαμβάνει το πακέτο του γραφείου σας.

Υπάλληλος: Περιλαμβάνει τα εισιτήρια του πλοίου και δύο βραδιά στο ξενοδοχείο με πρωινό.

Πελάτης: Μμμμμ... μάλιστα. Πόσο κοστίζει το πακέτο;

Υπάλληλος: Κοστίζει 200 ευρώ το άτομο.

Πελάτης: Ωραία. Θα κρατήσω θέσεις για τρία άτομα.

μερικός/ή/ό 몇몇

(η) πληροφορία 정보

περιλαμβάνω
~를 포함하다

(το) πακέτο
패키지, 포장, 박스

(το) ξενοδοχείο 호텔

직원: 어서 오세요, 무엇을 도와드릴까요?

손님: 안녕하세요. 다음주 주말에 가족과 함께 산토리니로 여행을 가려고 하는데요. 정보 좀 주실 수 있을까요?

직원: 알겠습니다. 정확히 어떤 걸 알고 싶으세요?

손님: 이 여행사 패키지에 어떤 것이 포함되어 있는지 궁금합니다.

직원: 배표와 아침식사를 포함한 호텔 2박이 포함되어 있습니다.

손님: 음... 알겠습니다. 패키지는 얼마인가요?

직원: 1인당 200유로입니다.

손님: 좋습니다. 3명 예약할게요.

ασκήσεις

1 다음 빈칸에 주어진 형용사로 부사를 만들어 문장을 완성하세요.

1 Διαβάζει _____ (λίγος) αλλά θα πάει _____ (καλός) σε όλα τα μαθήματα.

2 Φωνάζει _____ (δυνατός) όταν θυμώνει.

3 Πρέπει να φύγουμε _____ (γρήγορος) από εδώ.

4 Το αεροπλάνο πετάει _____ (ψηλός) πάνω από την πόλη.

5 Οδηγείς πολύ _____ (προσεκτικός)!

θυμώνω 화가 나다
πετάω 날다
(η) πόλη 도시
προσεκτικός/ή/ό 조심스러운

2 다음 빈칸에 <보기>의 부사를 사용하여 문장을 완성하세요.

──────┤ 보기 ├──────

αργά γρήγορα άσχημα ήσυχα αριστερά καταπληκτικά

1 Θα πάμε διακοπές στο χωριό. Είναι _____ εκεί.

2 Θα φτάσουμε νωρίς στην Αθήνα. Ο Αργύρης οδηγεί

_____ .

3 A: Είναι κοντά το ξενοδοχείο;

B: Ναι, θα στρίψεις _____ και θα το δεις.

4 Δεν πήρα αναμνηστικό δώρο στην φίλη μου από την Σαντορίνη. Νιώθω _____ !

5 Πήγαμε διακοπές στην Κορέα. Περάσαμε _____ !

(το) αναμνηστικό δώρο 기념품, 기념선물

③ 다음 빈칸에 주어진 형용사를 활용하여 부사 비교급을 만드세요.

1 Οδηγώ _____.
   (προσεκτικός-ή-ό 조심스러운)

2 Ο Δημήτρης τρώει _____.
   (λίγος-η-ο 적은)

3 Ο Γιάννης πηγαίνει για ψώνια _____.
   (συχνός-ή-ό 잦은)

4 Το πλοίο πηγαίνει _____.
   (αργός-ή-ό 느린)

5 Τα αεροπλάνα πετάνε _____.
   (ψηλός-ή-ό 높은)

④ 다음 문장의 알맞은 짝을 찾아 연결하세요.

1 Αποφασίσατε σε ποιο
   μέρος θα πάτε;

2 Τι περιλαμβάνει το
   πακέτο του γραφείου
   σας;

3 Θα μου πείτε πόσο
   κοστίζει το πακέτο;

4 Πότε φεύγει το τρένο;

5 Πόση ώρα είναι το ταξίδι;

α Τα εισιτήρια του τρένου
   και ένα βράδυ σε
   ξενοδοχείο.

β Είναι 100 ευρώ.

γ Ναι. Θα πάμε στην
   Κέρκυρα.

δ Διαρκεί τρεις ώρες.

ε Στις 9 το πρωί.

소감 적응하는 데 꽤 시간이 걸렸어요.

Μου πήρε αρκετό χρόνο μέχρι να συνηθίσω.

διάλογος

 20-1

λεξιλόγιο

(ο/η) δημοσιογράφος
저널리스트

ευχαριστώ 감사합니다

σήμερα 오늘

τι σημαίνει 무슨 뜻이에
요?, 무엇을 의미하나요?

για σένα 당신을 위해

(η) πατρίδα 조국

πολύ καιρό 오랜 시간

σχεδόν 거의

Μάλιστα! 그렇군요!

(η) ζωή 삶, 인생

μέχρι τώρα 지금까지

Μου πήρε 나에게 (시간이
얼마나) 걸렸다

αρκετό χρόνο
꽤 많은 시간

μέχρι να συνηθίσω
적응하게 될 때까지

(η) ξένη χώρα 외국

μαθαίνω 배우다
cf) **Έμαθα** 배웠다
(단순과거형)

(τα) Ελληνικά 그리스어

αρχίζω 시작하다
cf) **άρχισα** 시작했다
(단순과거형)

(οι) σπουδές 학업, 공부

και έτσι 그래서

Δημοσιογράφος: Σούμιν, ευχαριστούμε πολύ που ήρθες σήμερα.
Πες μας τι σημαίνει για σένα η Ελλάδα;

Σούμιν: Η Ελλάδα για μένα είναι η δεύτερη πατρίδα μου.

Δημοσιογράφος: Μένεις πολύ καιρό στην Ελλάδα;

Σούμιν: Ναι, σχεδόν 10 χρόνια.

Δημοσιογράφος: Μάλιστα! Πες μας πώς ήταν η ζωή σου στην
Ελλάδα μέχρι τώρα.

Σούμιν: Μου πήρε αρκετό χρόνο μέχρι να συνηθίσω σε μια
ξένη χώρα. Έμαθα ελληνικά και άρχισα σπουδές
και έτσι τα πράγματα έγιναν πιο εύκολα.

Δημοσιογράφος: Ας ερθούμε στο σήμερα.

Σούμιν: Εδώ η κάθε μέρα μου είναι πιο όμορφη από την
προηγούμενη. Τελείωσα τις σπουδές μου και βρήκα
δουλειά. Μου αρέσει η ζωή μου στην Ελλάδα.

기자: 수민 씨, 오늘 와줘서 정말 감사합니다. 수민 씨에게 그리스는 무엇을 의미하
나요?

수민: 그리스는 제 두 번째 고향이에요.

기자: 그리스에 오래 살고 있나요?

수민: 네, 거의 10년 정도요.

기자: 그렇군요! 지금까지 그리스에서의 삶이 어땠는지 말해 주세요.

수민: 외국에서 적응하기까지 시간이 꽤 걸렸어요. 저는 그리스어를 배웠고 공부를
시작했어요. 그러고 나서 상황이 조금 쉬워졌지요.

기자: 그럼 현재로 와보지요.

수민: 여기서 저의 하루하루는 날마다 더 아름다워요. 공부를 끝냈고 취업도 했어요.
그리스에서의 삶이 좋아요.

γραμματική

● 대명사 활용

그리스어에서는 목적어를 단어 그대로 반복하지 않고 해당 단어의 성과 수에 따라 대명사의 목적격이나 소유격으로 받아 사용하며, 이러한 활용은 한국인에게 어렵게 느껴지는 편입니다. 한번에 이해하기에 어려운 부분이므로 다양한 예문을 접하며 여유를 가지고 익숙해지도록 합니다.

〈대명사의 목적격을 직접목적어(~을/를)로 사용〉

목적격1과 목적격2는 궁극적으로 같은 의미입니다. 다만 직접목적어를 대명사로 받는 가장 축약적 형태는 '목적격2'입니다.

대명사			직접목적어	변화형태
주격	목적격1	목적격2	(목적격1)	(목적격2)
εγώ	εμένα	με	Εσύ βλέπεις **εμένα**. 너는 본다 나를	**Με** βλέπεις. 나를 (너는) 본다.
εσύ	εσένα	σε	Εγώ βλέπω **εσένα**.	**Σε** βλέπω.
αυτός αυτή αυτό	αυτόν αυτήν αυτό	τον την το	Εγώ βλέπω **αυτόν**. Εγώ βλέπω **αυτήν**. Εγώ βλέπω **αυτό**.	**Τον** βλέπω. **Την** βλέπω. **Το** βλέπω.
εμείς	εμάς	μας	Εγώ βλέπω **εμάς**.	**Μας** βλέπω.
εσείς	εσάς	σας	Εγώ βλέπω **εσάς**.	**Σας** βλέπω.
αυτοί αυτές αυτά	αυτούς αυτές αυτά	τους τις τα	Εγώ βλέπω **αυτούς**. Εγώ βλέπω **αυτές**. Εγώ βλέπω **αυτά**.	**Τους** βλέπω. **Τις** βλέπω. **Τα** βλέπω.

(τα) πράγματα 상황

έγινε 알겠어, 그래

πιο 더

εύκολα 쉽게

Ας ερθούμε
(우리) ~로 갑시다 (주제 전환)

κάθε μέρα 매일

όμορφος/η/ο 아름다운

προηγούμενος/η/ο
이전의

τελειώνω 끝내다
cf) **τελείωσα**
끝냈다 (단순과거형)

βρίσκω δουλειά
일자리를 찾다
cf) **βρήκα δουλειά**
일자리를 찾았다
(단순과거형)

〈대명사의 <u>소유격</u>을 간접목적어(~에게)로 사용하는 경우〉

아래 표의 1)과 2)는 같은 의미를 가집니다. 2)의 형태를 사용할 때는 대명사의 위치가 반드시 동사 바로 앞이어야 합니다. 위와 마찬가지로 간접목적어로 받는 가장 축약적 형태는 2)의 경우입니다.

대명사			간접목적어 (σε + 대명사 목적격)	변화형태 (소유격)
주격	1) σε + 목적격	2) 소유격		
εγώ	σε εμένα	μου	<u>Εσύ απαντάς **σε εμένα**.</u> 너는　대답한다　나에게	**Μου** απαντάς. 나에게 (네가) 대답한다.
εσύ	σε εσένα	σου	Εγώ απαντάω **σε εσένα**.	**Σου** απαντάω.
αυτός αυτή αυτό	σε αυτόν σε αυτήν σε αυτό	του της το	Εγώ απαντάω **σε αυτόν**. Εγώ απαντάω **σε αυτήν**. Εγώ απαντάω **σε αυτό**.	**Του** απαντάω. **Της** απαντάω. **Το** απαντάω.
εμείς	σε εμάς	μας	Εσύ απαντάς **σε εμάς**.	**Μας** απαντάς.
εσείς	σε εσάς	σας	Εγώ απαντάω **σε εσάς**.	**Σας** απαντάω.
αυτοί αυτές αυτά	σε αυτούς σε αυτές σε αυτά	τους τους τους	Εγώ απαντάω **σε αυτούς**. Εγώ απαντάω **σε αυτές**. Εγώ απαντάω **σε αυτά**.	**Τους** απαντάω. **Τους** απαντάω. **Τους** απαντάω.

① 대명사의 <u>목적격</u>을 직접목적어(~을/를)로 사용하는 경우 (목적어가 하나)

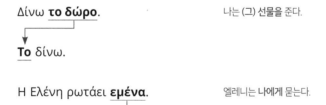

Δίνω **το δώρο**.   나는 (그) 선물을 준다.

Το δίνω.

Η Ελένη ρωτάει **εμένα**.   엘레니는 나에게 묻는다.

Η Ελένη **με** ρωτάει.

② 대명사의 <u>소유격</u>을 간접목적어(~에게)로 사용하는 경우

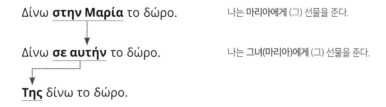

Δίνω **στην Μαρία** το δώρο.   나는 마리아에게 (그) 선물을 준다.

Δίνω **σε αυτήν** το δώρο.   나는 그녀(마리아)에게 (그) 선물을 준다.

Της δίνω το δώρο.

TIP
직접 목적어의 경우 '~을/를'에 해당하는 내용이 대명사의 목적격을 주로 사용하지만, 동사의 속성에 따라 두번째 예문처럼 간접목적어 '~에게'의 의미이지만 목적격을 사용하는 경우도 있습니다.

③ 직접목적어와 간접목적어를 모두 대명사로 받는 경우

Έδωσες / στον Ανδρέα / το δώρο;

주었다　　　안드레아스에게　　선물을 (의문문)

[안드레아스에게] [선물을] 줬어요?

　　간접목적어　　직접목적어

Ναι, [του] έδωσα [το δώρο].　　네, 저는 그(안드레아스)에게 선물을 줬어요.

= Ναι, [του] [το] έδωσα.　　네, 저는 그에게 그것(선물)을 줬어요.

εκφράσεις　　　🎧 20-2

● 생각 또는 의견 말하기

Νομίζω ότι ~	나는 ~라고 생각한다
Νιώθω ότι ~	~라고 느끼다, ~인 것 같다
Καταλαβαίνω ότι ~	~인 것을 이해하다, 알다
Πιστεύω ότι ~	~라고 믿는다, 생각한다
Ελπίζω ότι ~	~이길 바란다

ελπίζω 바라다, 희망하다

Νομίζω ότι θα βρέξει.
내 생각에는 비가 올 것 같아.

Νιώθω ότι μου λες ψέματα.
내 생각에는 네가 나한테 거짓말을 하는 것 같아.

Καταλαβαίνω ότι έχεις δίκιο.
네 말에 일리가 있다는 걸 이해해.

Πιστεύω ότι θα περάσουμε καλά στο ταξίδι.
나는 우리가 여행을 잘 할 수 있을 거라 믿어.

Ελπίζω ότι θα περάσω το τεστ.
내가 시험에 통과할 수 있길 바라.

Plus 💡 **ό,τι**

위의 ότι와 비슷하지만 쉼표의 유무에 따라 뜻이 달라집니다. 여기서는 '무엇이든지'라는 뜻입니다.

Κάνε ό,τι θέλεις!	하고 싶은 거 다 해!
Φάε ό,τι θέλεις.	뭐든지 먹어.
Εύχομαι ό,τι καλύτερο.	좋은 일만 생기길 바랄게.

διάλογοι

🎧 20-3

Διάλογος ❶

Υπάλληλος: Λέγετε, παρακαλώ.

Οικονόμου: Καλημέρα, τηλεφωνώ για την αγγελία σας στα «Νέα». Ενδιαφέρομαι για τη θέση υπαλλήλου ρεσεψιόν.

Υπάλληλος: Το όνομά σας, παρακαλώ;

Οικονόμου: Αργύρης Οικονόμου.

Υπάλληλος: Κύριε Οικονόμου, έχετε εμπειρία;

Οικονόμου: Βεβαίως. Δούλεψα δύο καλοκαίρια σε ένα ξενοδοχείο στην Σαντορίνη.

Υπάλληλος: Πολύ ωραία. Στείλτε μας το βιογραφικό σας σημείωμα στο filoksenia@gmail.com. Εντάξει;

Οικονόμου: Μάλιστα. Σας ευχαριστώ πολύ.

λέγετε 여보세요

ενδιαφέρομαι για +
목적격 ~에 관심이 있다

직원: 여보세요, 말씀하세요.
이코노무: 안녕하세요, ≪Nea≫ 신문 광고 보고 연락 드렸습니다. 리셉션 직원 자리에 관심이 있습니다.
직원: 성함이 어떻게 되시죠?
이코노무: 아르기리스 이코노무입니다.
직원: 이코노무 씨, (이 직종에) 경력이 있으세요?
이코노무: 물론이죠. 산토리니의 한 호텔에서 여름 동안 2년간 일했어요.
직원: 아주 좋습니다. 그럼 이력서를 filoksenia@gmail.com으로 보내주세요. 아시겠죠?
이코노무: 네 알겠습니다. 정말 감사합니다.

Διάλογος ❷

Τασία: Καλημέρα, Νίκο. Τι εχεις; Δεν σε βλέπω πολύ καλά.

Νίκος: Έχω πολύ άγχος. Αύριο πάω σε συνέντευξη για μια δουλειά.

Τασία: Καλά, ηρέμησε. Πήγαινε χωρίς φόβο, αυτό είναι το πιο σημαντικό.

Νίκος: Θα με ρωτήσουν σίγουρα αν έχω εμπειρία... κι εγώ...

Τασία: Ρώτησέ τους κι εσύ για τη δουλειά.

Νίκος: Ναι, αυτό θα κάνω αλλά είμαι αγχωμένος.

(το) άγχος 스트레스

ηρεμώ 진정하다
cf) **ηρέμισε** 진정해(명령형)

(ο) φόβος 두려움, 공포

είμαι αγχωμένος
나는 걱정/긴장된다

타시아: 안녕, 니코. 무슨 일 있어? 얼굴이 안 좋아 보이는데.

니코스: 스트레스가 많아. 내일 회사 면접을 보러 가거든.

타시아: 그래? 진정해. 겁먹지 말고 가, 그게 중요한 거야.

니코스: 분명히 경력이 있냐고 물어볼 텐데... 난...

타시아: 너도 그 일에 대해서 물어봐.

니코스: 응, 그렇게 할 건데 긴장돼.

Διάλογος ❸

πρωί πρωί 아침 일찍

γράφω τεστ
시험을 보다

Τάσος: Καλημέρα, Μαρία. Πού πας πρωί πρωί;

Μαρία: Καλημέρα, πάω στο μάθημα.

Τάσος: Από τόσο νωρίς;

Μαρία: Δεν σου είπα; Γράφω τεστ σήμερα και τρέχω.

Τάσος: Πάμε για καφέ μετά;

Μαρία: Θα σου πω μετά τις 2 αν θα μπορέσω.

Τάσος: Οκέι. Πάρε με τηλέφωνο.

타소스: 안녕, 마리아. 이렇게 일찍 어디 가?

마리아: 안녕, 나는 수업에 가고 있어.

타소스: 이렇게 일찍부터?

마리아: 내가 (너에게) 말 안 했었나? 오늘 시험을 봐서 할 게 많아.

타소스: 이따가 커피 마시러 갈래?

마리아: 2시 이후에 어떻게 할지 알려줄게.

타소스: 좋아. 전화해.

ασκήσεις

1 다음 빈칸에 들어갈 알맞은 직접목적어를 쓰세요.

1 Ξέρεις την Ελένη; – Ναι, _____ ξέρω.

2 Έφτιαξες τον καφέ; – Όχι, δεν _____ έφτιαξα.

3 Γράφεις το γράμμα; – Ναι, _____ γράφω.

4 Έφτιαξες τις βαλίτσες; – Όχι, δεν _____ έφτιαξα.

5 Ξέρεις τον Γιώργο και τον Πέτρο; – Ναι, _____ ξέρω.

6 Πήρες τα κλειδιά; – Ναι, _____ πήρα.

(η) βαλίτσα
짐 가방, 캐리어

φτιάχνω βαλίτσα
짐을 싸다

(το) κλειδί 열쇠

2 <보기>와 같이 다음 문장의 대명사를 풀어 써 보세요.

―――――――――――| 보기 |―――――――――――

Η Άννα **μου** έδωσε μία τσάντα.   →   **σ'εμένα**

―――――――――――――――――――――――――――――――

1 **Σου** μαθαίνει πολλά πράγματα η γιαγιά. ----------------------

2 **Της** αγόρασα ένα βιβλίο. ----------------------

3 **Του** πήρα το λεξικό του για λίγο. ----------------------

4 **Σου** ζητάω να μείνεις στο σπίτι σήμερα. ----------------------

5 **Μας** έστειλαν πολλά γράμματα. ----------------------

6 **Σας** άφησα μήνυμα πάνω στο τραπέζι της κουζίνας.

----

7 **Σου** έβαλα τα ρούχα στη βαλίτσα. ----------------------

8 **Τους** εύχομαι καλή χρονιά. ----------------------

3 <보기>와 같이 다음 질문에 대명사 표현을 사용해 긍정/부정으로 대답해 보세요.

─────────────────┤ 보기 ├─────────────────

Δίνεις στην Αμαλία το αλάτι;

→ Ναι, της το δίνω.
→ Όχι, δεν της το δίνω.

───

1 Έδειξες στα παιδιά τις φωτογραφίες;

→ ....

→ ....

2 Έδωσες στους γονείς σου το γράμμα;

→ ....

→ ....

3 Μου δίνεις την εφημερίδα;

→ ....

→ ....

4 Αγόρασες στο παιδί σου τα βιβλία;

→ ....

→ ....

5 Χάρισες στην αδελφή σου το δώρο;

→ ....

→ ....

6 Είπες στη μητέρα σου ότι αύριο το σχολείο είναι κλειστό;

→ ....

→ ....

7 Είπες στη φίλη σου ότι δεν θα έρθεις αύριο στο πάρτι;

→ ....

→ ....

8 Έδειξες στα παιδιά τα παπούτσια;

→ ....

→ ....

④ 다음 질문에 대답해 보세요.

─────────────── 보기 ├───────────────

Τι σου αρέσει; → <u>Μου αρέσει το καρπούζι.</u>

─────────────────────────────────────

1 Τι σου αρέσει; → ....

2 Τι σου λείπει; → ....

3 Τι σου πάει; → ....

4 Τι σου χρειάζεται; → ....

⑤ 다음 빈칸에 **ότι** 또는 **ό,τι**를 사용하여 문장을 완성하세요.

1 Εμείς πιστεύουμε .... πρέπει να πάρεις τηλέφωνο τη Μαρία.

2 Καταλαβαίνω .... θέλεις βοήθεια, αλλά τι μπορώ να κάνω;

3 Μαρία, σήμερα πιες .... θέλεις! Είναι τα γενέθλιά μου. Κερνάω!

4 A: Να βάλω ζάχαρη ή μέλι στο τσάι σου;

  B: .... θέλεις δεν υπάρχει πρόβλημα.

5 Νιώθω .... έχω πυρετό. Δεν είμαι πολύ καλά.

해답

ΜΑΘΗΜΑ 01

1

1 μέρα   2 βράδυ
3 νύχτα   4 Τι
5 Ευχαριστώ

2

1 Εγώ   2 Εσύ
3 Αυτοί   4 Αυτή
5 Εσείς

3

1 η   2 το
3 ο   4 η
5 ο

4

1 σου   2 σας
3 σου   4 σας
5 σας

ΜΑΘΗΜΑ 02

1

1 είμαι, είστε   2 είναι
3 είμαστε, είσαι   4 είστε
5 είμαι, είσαι

2

1 β   해석 어디에서 왔어요?
       저는 그리스에서 왔어요.
2 ε   해석 (당신은) 대학생입니까?
       네, 저는 대학생입니다.
3 γ   해석 마리아는 대학생입니까?
       아니요, 대학생이 아닙니다.
4 στ   해석 야니스는 어디에서 왔어요?
       (그는/그녀는) 아테네에서 왔어요.

---

5 δ   해석 너는 한국에서 왔니?
       아니요, 저는 중국에서 왔습니다.
6 α   해석 파파 씨 어떻게 지내세요?
       좋아요, 당신은요?

3

1 είμαι   2 είναι
3 είμαστε   4 είναι, Είναι
5 είστε   6 είναι
7 είσαι   8 είναι
9 είναι   10 είστε

4

1 Δεν είμαι συγγραφέας.
2 Δεν είστε καθηγητής;
3 Δεν είμαστε από την Κορέα.
4 Αυτοί δεν είναι γιατροί.
5 Η Μαρία δεν είναι χορεύτρια.
6 Ο Ανδρέας δεν είναι ηθοποιός.

ΜΑΘΗΜΑ 03

1

1 δίνω, δίνεις, δίνει, δίνουμε, δίνετε, δίνουν(ε)
2 μένω, μένεις, μένει, μένουμε, μένετε, μένουν(ε)
3 ταξιδεύω, ταξιδεύεις, ταξιδεύει, ταξιδεύουμε, ταξιδεύετε, ταξιδεύουν(ε)
4 παίζω, παίζεις, παίζει, παίζουμε, παίζετε, παίζουν(ε)
5 αγοράζω, αγοράζεις, αγοράζει, αγοράζουμε, αγοράζετε, αγοράζουν(ε)

2

1 μένετε   2 μένει
3 μένω   4 μένουν
5 μένετε   6 μένουμε

1 벨라 씨 어디에 사세요?

2 마틴은 프시히코(아테네의 지역명)에 삽니다.

3 저는 한국에서 왔지만 지금 아테네에 삽니다.

4 안나와 톰은 크레타에 삽니다.

5 여러분, 어디에 사나요?

6 이리니와 나는 팡그라티(아테네의 지역명)에 삽니다.

3

1 μένουν	2 κάνεις
3 μένουμε	4 έχει
5 έχω	6 μένεις
7 μένει	8 κάνετε

1 요르고스와 타마라는 그리스에 삽니다.

2 요르고, 잘 지내? 괜찮은 거야?

3 율리아와 나는 꾸까끼에 살아요.

4 파노스는 여자형제가 있어요?

5 나는 상관없어(문제가 없어).

6 니코, 너는 어디에 살아?

7 파나요띠, 니코스는 어디에 살아?

8 프로드로무 부인, 어떻게 지내세요?

4

1 μένουμε, μένεις

2 δουλεύει, δουλεύω

3 μένουν

4 είμαι, είστε

5 έχουν

1 우리는 서울에 삽니다. 당신은 어디에 사나요?

2 이 사람은 파트라에서 일합니다. 저는 파리에서 일합니다.

3 그들은 여기에 살지 않습니다.

4 저는 크레타 출신입니다. 당신들은 어디에서 왔나요?

5 파파도풀로스 씨와 그 아내에게는 아이가 하나 있습니다.

 ΜΑΘΗΜΑ **04**

1

1 Ποιος	2 Ποια	
3 ποιες	4 ποιους	
5 ποιον		

1 누가 전화하고 있니?

2 이 아름다운 소녀는 누구입니까?

3 이 꽃들은 누구(어떤 여성들)를 위한 건가요?

4 너는 누구(어떤 사람들)와 대학교에 다니니?

5 당신은 누구(남성)와 살고 있나요?

Plus 💡

> 의문대명사의 경우 한국어에서는 남성, 여성, 중성을 구분하지 않으므로 '누가/누구와'로 해석된다는 점을 유의하고, 그리스어에서는 명사의 성에 따라 반드시 수식하는 단어들도 변한다는 점을 기억하세요!

2

1 η	2 το	3 το
4 το	5 το	6 το
7 η	8 το	9 το
10 ο		

3

1 **η** Αθήνα 아테네
  η Πλάκα 플라카

2 **το** Σύνταγμα 신타그마
  η Ακρόπολη 아크로폴리스

3 **η** Μητρόπολη 미트로폴리(중앙성당)
  το Μουσείο της Ακρόπολης
  아크로폴리스 박물관

4 **το** Μοναστηράκι 모나스티라키
  το Θέατρο του Διονύσου 디오니소스 극장

4

1 δύο / δέκα / εβδομήντα οκτώ(οχτώ) /
  ενενήντα / εννιά(εννέα) / ογδόντα
  οκτώ(οχτώ)

2 δύο / δέκα / είκοσι οκτώ(οχτώ) / τριάντα / εννιά(εννέα) / ογδόντα επτά(εφτά)

3 εξήνα εννιά(εννέα) / σαράντα τέσσερα / ενενήντα εφτά(επτά) / ογδόντα έξι / εβδομήντα οκτώ(οχτώ)

4 εξήνα εννιά(εννέα) / ογδόντα δύο / δώδεκα / είκοσι τρία / σαράντα πέντε

 ΜΑΘΗΜΑ 05

1

1 Ο Γιώργος είναι Έλληνας και μιλάει ελληνικά.
2 Η Κατερίνα είναι Ελληνίδα και μιλάει ελληνικά.
3 Ο Μίνσου είναι Κορεάτης και μιλάει κορεατικά.
4 Η Σούμη είναι Κορεάτισσα και μιλάει κορεατικά.
5 Η Ακίκο είναι Γιαπωνέζα και μιλάει ιαπωνικά.
6 Η Μελέκ είναι Τουρκάλα και μιλάει τουρκικά.

해석
1 <u>요르고스는</u> 그리스인이고 그리스어를 합니다.
2 카테리나는 그리스인이고 그리스어를 합니다.
3 민수는 한국인이고 한국어를 합니다.
4 수미는 한국인이고 한국어를 합니다.
5 아키코는 일본인이고 일본어를 합니다.
6 멜렉은 터키인이고 터키어를 합니다.

2
1 ισπανικά   2 κινεζικά
3 ρωσικά   4 κορεατικά
5 ελληνικά

3
1 μιλάω, μιλάς, μιλάει, μιλάμε, μιλάτε, μιλάνε

---

2 αγαπάω, αγαπάς, αγαπάει, αγαπάμε, αγαπάτε, αγαπάνε

3 ρωτάω, ρωτάς, ρωτάει, ρωτάμε, ρωτάτε, ρωτάνε

4 ξυπνάω, ξυπνάς, ξυπνάει, ξυπνάμε, ξυπνάτε, ξυπνάνε

5 απαντάω, απαντάς, απαντάει, απαντάμε, απαντάτε, απαντάνε

4
1 αγαπάει   2 ξυπνάνε
3 μιλάω   4 μιλάς
5 αγαπάτε   6 ζητάνε

해석
1 소피아는 알레코를 사랑한다.
2 소피아와 알레코스는 주말에 늦게 일어난다.
3 나는 영어를 아주 잘한다.
4 너는 그리스어를 잘하니?
5 당신들은 그리스를 사랑하나요?
6 그들은 우리에게 도움을 요청한다.

 ΜΑΘΗΜΑ 06

1
1 περνάω, περνάς, περνάει, περνάμε, περνάτε, περνάν(ε)
2 ρωτάω, ρωτάς, ρωτάει, ρωτάμε, ρωτάτε, ρωτάν(ε)
3 διψάω, διψάς, διψάει, διψάμε, διψάτε, διψάν(ε)
4 αγαπάω, αγαπάς, αγαπάει, αγαπάμε, αγαπάτε, αγαπάν(ε)
5 απαντάω, απαντάς, απαντάει, απαντάμε, απαντάτε, απαντάν(ε)
6 τρώω, τρως, τρώει, τρώμε, τρώτε, τρώνε
7 ακούω, ακούς, ακούει, ακούμε, ακούτε, ακούνε
8 λέω, λες, λέει, λέμε, λέτε, λένε

②

1	τον Γιάννη	2	τη στάση
3	την Αγγελική	4	τον κύριο Νίκο
5	το παγωτό	6	την άσκηση
7	το βιβλιοπωλείο	8	την Ελένη
9	τον Βασίλη	10	τη Σοφία

해석

1 민수는 야니를 안다.
2 마리아와 요르고스는 정류장을 찾고 있다.
3 카테리나는 앙겔리키를 찾고 있다.
4 우리 부모님은 니코스 씨를 안다.
5 아이가 아이스크림을 먹는다.
6 우리는 공부를 하고 숙제를 한다.
7 (여러분은/당신은) 서점이 보이시나요?
8 페트로스는 바에서 엘레니를 기다린다.
9 마리아는 바실리스를 사랑한다.
10 바실리스는 소피아를 사랑한다.

③

1 Τι ώρα τρώτε το βράδυ;
2 Η Σούζιν μιλάει κορεατικά και αγγλικά.
3 Πάμε για καφέ κάθε Σάββατο.
4 Εσείς ακούτε κλασική μουσική;
5 Πώς το λένε αυτό στα ελληνικά;

해석

1 저녁을 몇 시에 드세요?
2 수진이는 한국어와 영어를 한다.
3 우리는 매주 토요일에 커피를 마시러 간다.
4 여러분은/당신은 클래식 음악을 들으세요?
5 이것을 그리스어로 뭐라고 하나요?

④

1	πάει	2	Λέει
3	πηγαίνω	4	τρώνε, ακούνε, λέει
5	πεινάνε, διψάνε		

해석

1 이 버스는 어디로 가나요?
2 그 사람을 믿지 마! 거짓말을 하고 있어!
3 나는 오늘 아파서 학교에 가지 않아.

4 아이들은 음식을 먹고 할머니가 해주는 이야기를 듣는다.
5 아이들은 배가 고프고 목이 마르다.

🏛 ΜΑΘΗΜΑ 07

①

1	5	2	4	3	9
4	10	5	3	6	7
7	1	8	6	9	8
10	2				

②

1	(α)	2	(α)	3	(γ)
4	(β)	5	(γ)		

해석

1 코카콜라 하나 주세요.
2 저는 신문 하나가 필요해요.
3 비스킷 하나 주세요.
4 라이터 하나 주세요.
5 그릭커피 한 잔 주세요.

③

1	έναν	2	το	3	τον (στον)
4	μία	5	την	6	ένα
7	η	8	ο	9	Ένας
10	ένα				

해석

1 오렌지 주스 한 잔 드릴까요?
2 저는 자동차로 출근해요.
3 저는 영화관에 자주 가요.
4 우디 알렌의 영화 한 편을 보고 싶어요.
5 우디 알렌의 《한나와 자매들》이라는 영화를 보고 싶어요.
6 파노스는 시내에 카페니온을 하나 가지고 있어요.
7 이것은 소피아의 신문입니다.
8 네 친구 니코스는 어디에 있니?
9 학생 하나가 문에서 기다리고 있어. 아는 학생이야?
10 나디아는 아테네의 한/어느 가게에서 일해요.

1. Πόσο κάνουν τρεις λεμονάδες;
2. Πόσο κάνουν επτά(εφτά) παγωτα;
3. Πόσο κάνουν έξι γραμματόσημα;
4. Πόσο κάνουν πέντε καραμέλες;
5. Πόσο κάνει ένα ψωμί;
6. Πόσο κάνει ένας αναπτήρας;
7. Πόσο κάνουν τέσσερις τυρόπιτες;
8. Πόσο κάνουν τρία νερά;
9. Πόσο κάνουν δύο περιοδικά;

🏛 ΜΑΘΗΜΑ 08

1

2

1. μπορώ
2. συμφωνεί
3. παρακαλώ
4. διαφωνούν
5. τηλεφωνεί
6. αργούμε

해석

〈보기〉 A: 어디에 전화하는 거야, 아리야?
   B: 친구한테.
1. A: 언제, 토요일에 한잔하러 갈래?
   B: 유감스럽게도, 나는 시간이 안 될 것 같아.
2. 아리스는 항상 내 의견에 동의한다.

3. 문제 3번을 집에서 풀어 오세요.
4. 그의 부모님은 자주 그의 의견에 반대한다.
5. 알리키는 매일 부모님에게 전화를 건다.
6. 바르바라와 나는 수업에 절대 늦지 않는다.

3

1. ελληνικό
2. ζεστή
3. μέτριο
4. φυσικό
5. ζεστό, κρύα

해석

1. 그릭커피 설탕 보통으로 하나 주세요.
2. 핫초코 한 잔 마실래?
3. 야니스는 설탕 보통에 우유가 들어간 프라페 한 잔을 주문한다.
4. 생과일 오렌지 주스 한 잔 드릴까요?
5. 아이들은 따뜻한 샌드위치 하나를 먹고 우리는 차가운 맥주를 마신다.

4

1. (Η ώρα) είναι οκτώ(οχτώ) και μισή.
2. (Η ώρα) είναι δέκα και τέταρτο. /
   (Η ώρα) είναι δέκα και δεκαπέντε.
3. (Η ώρα) είναι εφτά(επτά) και σαράντα
   πέντε. / (Η ώρα) είναι είναι οκτώ(οχτώ)
   παρά τέταρτο.
4. (Η ώρα) είναι εννέα/εννιά.
5. (Η ώρα) είναι δώδεκα και
   δεκαεννιά(δεκαεννέα).
6. (Η ώρα) είναι έντεκα και είκοσι.

🏛 ΜΑΘΗΜΑ 09

1

1. Τέσσερις Μαΐου
2. Τρεις Ιουλίου
3. Δεκατέσσερις Σεπτεμβρίου
4. Είκοσι οκτώ(οχτώ) Οκτωβρίου
5. Είκοσι πέντε Δεκεμβρίου

2

1	στ	2	ε	3	α
4	δ	5	ζ	6	γ
7	β				

3

1	(α)	2	(γ)	3	(β)
4	(α)				

해석

1 토요일 저녁에 우리는 영화관에 간다.
2 7월에는 수업이 없다.
3 기차는 역에서 8시 정각에 떠난다.
4 내일 저녁에 우리는 파티가 있다.

4

1 서울   χίλια εννιακόσια ογδόντα οκτώ(οχτώ)
2 아테네   δύο χιλιάδες τέσσερα
3 북경   δύο χιλιάδες οκτώ(οχτώ)
4 런던   δύο χιλιάδες δώδεκα
5 리우데자네이루 δύο χιλιάδες δεκαέξι(δεκάξι)

🏛 ΜΑΘΗΜΑ 10

1

1	σηκωνόμαστε	2	κάθομαι
3	ξεκουράζομαι	4	βρίσκεται
5	φοβάται	6	θυμάσαι
7	κοιμάται	8	βρίσκονται
9	κάθονται	10	σκέφτεσαι

2

1	Ποτέ	2	Σπάνια
3	Μερικές φορές	4	Πάντα
5	Συχνά		

3

1	ποτέ	2	συνήθως
3	σπάνια	4	συνήθως
5	σχεδόν ποτέ		

4

Οι Έλληνες **σπάνια** ξυπνάνε αργά. **Συνήθως** πίνουν μόνο έναν καφέ για πρωινό. Ξεκινούν τη δουλειά περίπου στις 8 και κατά τη 1 κάνουν ένα διάλειμμα και πίνουν ή τρώνε. Γύρω στις 3 γυρίζουν στο σπίτι. Το μεσημέρι **συχνά** παίρνουν έναν υπνάκο.**Πάντα** τρώνε το βραδινό αργά και **συνήθως** κοιμούνται γύρω στα μεσάνυχτα.

해석

그리스인들은 드물게 늦게 일어납니다. 주로 아침식사로는 커피 한 잔을 마십니다. 8시부터 일을 시작해서 1시쯤 쉬는 시간을 가지고 음식을 먹거나 음료를 마십니다. 3시쯤 집으로 돌아갑니다. 낮 시간에는 자주 낮잠을 잡니다. 항상 늦게 저녁을 먹고 보통 12시쯤 잠자리에 듭니다.

🏛 ΜΑΘΗΜΑ 11

1

1	Πόσες	2	Πόσες
3	Πόσες	4	Πόσους
5	Πόσα	6	Πόση
7	Πόσο	8	Πόσες
9	Πόσο		

2

1 θα καθαρίσει
2 θα ταξιδέψουμε
3 θα φτάσει
4 θα διαβάσουν, θα γράψουν
5 θα αρχίσει
6 θα γυρίσεις
7 θα δουλέψουμε
8 θα φτιάξετε

해석

1 내일 아침 흐리스토스가 우리집을 청소할 것이다.
2 내년에 우리는 친구들과 함께 그리스 여행을 할 것이다.

3 오늘 8시에 서울행 비행기가 출발해서 내일 저녁에 도착할 것이다.

4 이번 주에 아이들은 공부를 많이 할 것이다. 왜냐하면 다음주에 시험을 보기 때문이다.

5 내년에 나의 딸은 피아노 레슨을 시작할 것이다.

6 얘야, 저녁 몇 시에 돌아오니?

7 내년 여름에 친구들과 나는 여행사에서 일할 것이다.

8 엘레니 아줌마, 언제 그 환상적인 빵을 다시 만드실 거예요?

❸

1 γράψω		**2** φτιάξεις
3 κλείσουμε		**4** χορέψετε
5 μαγειρέψουν		**6** ανοίξουν
7 αγοράσουμε		**8** διαβάσουν

❹

1 αρέσουν, μου		**2** Σου
3 αρέσουν, αρέσει		**4** μας
5 τους		**6** αρέσουν

 ΜΑΘΗΜΑ 12

❶

1 ζ	**2** ε	**3** δ
4 στ	**5** β	**6** γ
7 α		

1 저녁에 뭐 먹을 거야?
 – 나는 닭고기랑 감자를 먹을 거야.

2 (당신들은) 언제 서울로 떠나세요?
 – (우리는) 다음주 월요일에 떠나요.

3 친구들에게 새로운 소식을 말할 거예요?
 – 아니, 아무 말도 안 할 거야.

4 (우리) 와인 마실래 아니면 맥주 마실래?
 – 우린 와인 마실 건데, 너는?

5 엄마는 몇 시에 와요?
 – (그녀는) 열 시에 올 거예요.

6 야니스와 안나는 주말에 외출해요?
 – 아니요, 저는 주말에 외출하지 않을 거예요.

7 (그들은) 오늘 밤에 어떤 영화를 보나요?
 – (그들은) 코미디 영화를 볼 거야.

❷

1 δεις		**2** έρθω
3 ανεβείτε		**4** στείλει
5 φύγουν		**6** μείνουμε
7 βρω		**8** δώσω
9 μπεις		**10** πείτε

1 너는 저녁에 부모님을 만날 거야?

2 오늘 밤 너의 파티에 갈게.

3 (당신들은) 위층으로 올라가실 건가요?

4 이리니는 할아버지에게 편지 한 통을 보낼 것이다.

5 (이 사람들은) 내일 아침 일찍 떠나지 않을 것이다.

6 우리는 다음주까지 아테네에서 머물 것이다.

7 네가 올 때, 널 어디에서 찾을 수 있어(어디에 있을 거야)?

8 (내가) 너에게 내 주소를 줄게.

9 타티아나, 너는 교회에 들어갈 거니?

10 (당신들은/너희들은) 아무 말도 안 할 건가요?

❸

1 Θα πάρεις		**2** θα πιουν
3 Θα δώσω		**4** Θα μείνουμε
5 θα πει		**6** θα φάει
7 θα βγείτε, Πού θα πάτε		

1 너는 부모님에게 전화를 걸 거니?

2 아이들은 자기의 주스를 마실 것이다.

3 나는 내 친구(여자)에게 선물을 하나 줄 것이다.

4 우리는 아테네에 살 것이다.

5 할머니는 이야기를 하나 해주실 것이다.

6 소피아는 치즈파이를 먹을 것이다.

7 얘들아, 외출하니? 어디 갈 거니?

❹

1 θα μιλήσει

2 θα τηλεφωνήσετε

3 θα περπατήσουμε

4 θα κρατήσω
5 θα οδηγήσεις

해석

1 엘레니는 저녁에 부모님과 전화통화를 할 것이다.
2 당신들은 친구에게 지금 전화를 할 건가요 아니면 나중에 할 건가요?
3 우리는 잠깐 동안 공원을 걸을 것이다.
4 나는 극장에 자리 하나를 예약할 것이다.
5 요르고, 네가 운전할 거야 아니면 내가 할까?

ΜΑΘΗΜΑ 13

1 πράσινο   2 μαύρη
3 κόκκινη   4 γαλάζια
5 κίτρινη   6 άσπρος
7 μαύρο   8 κόκκινο

해석

1 나무는 초록색이다.
2 오늘 피넬로피는 검은 치마를 입었다.
3 토마토는 빨갛다.
4 바다는 푸르다.
5 그 블라우스는 노란색이다.
6 벽은 하얀색이다.
7 그 자동차는 검은색이다.
8 나는 레드와인을 좋아한다.

2

1 να φάει   2 να αγοράσει
3 να δει   4 να ακούσουν
5 να πιουν   6 να χορέψουν
7 να πάει   8 να τηλεφωνήσει
9 να στείλει   10 να γράψουν
11 να διαβάσουν   12 να πληρώσουν

해석

1 디미트리스는 아이스크림을 먹고 싶어 한다.
2 디미트라는 치마 하나를 사고 싶어 한다.
3 요르고스는 텔레비전을 보고 싶어 한다.

4 마리아와 마르코스는 음악을 듣고 싶어 한다.
5 (이 사람들은) 와인을 마시고 싶어 한다.
6 아이들은 춤을 추고 싶어 한다.
7 페트로스는 슈퍼마켓에 가야 한다.
8 소피아는 어머니에게 전화를 해야 한다.
9 타소스는 편지 한 통을 보내야 한다.
10 파노스와 마리아는 레포트를 써야 한다.
11 파노스와 마리아는 수업 공부를 해야 한다.
12 파노스와 마리아는 월세를 내야 한다.

3

1 να   2 βοηθήσεις
3 να κάνω   4 να τηλεφωνήσεις
5 να   6 καλέσεις
7 να   8 πεις
9 να φέρεις

해석

조이:	페트로, 나 좀 도와줄 수 있을까?
페트로스:	그래, 내가 뭘 하면 될까?
조이:	비비랑 요한이에게 전화를 걸어서 파티에 초대해 줄 수 있어?
페트로스:	쉽네. 다른 건?
조이:	잊지 말고 다른 애들한테도 이야기해 줘. 그 후에 나랑 같이 장 보러 갈 수 있을까?
페트로스:	당연하지! 혼자서 장 본 것들 모두 집까지 들고 올 수 없잖아.
조이:	정말 고마워!

4

1 να δουλέψουμε
2 να καθαρίσεις
3 να χορέψουμε
4 να κλείσετε λίγο την πόρτα
5 να φύγουμε αμέσως

해석

1 우리는 오늘 일한다.
  → 오늘 우리는 일을 해야 한다.
2 오늘은 네가 청소해.
  → 오늘 네가 청소할 차례야.

225

3 소피아, 우리 춤출래?

→ 소피아, (우리 함께) 춤추기를 원하니?

4 문 좀 닫아 주시겠어요?

→ 문 좀 닫아 주실 수 있으세요?

5 우리는 바로 떠날 거야.

→ 우리는 바로 떠나야 해.

🏛 ΜΑΘΗΜΑ 14

1

1 A / E / A τρέξαμε τρέχω έτρεξα

2 E / A / A αφήνουμε άφησαν άφησε

3 A / E / A έγραψαν γράφουμε γράψανε

4 A / E / A διάβασες διαβάζουν διαβάσαμε

2

1	ήμουν	2	ήμασταν
3	πήγαν	4	ήταν
5	ήταν	6	πήγε
7	ήσουν		

해석

1 지금 나는 한국에 있다. 작년 여름에 나는 그리스에 있었다.

2 지금 우리는 친구들과 함께 영화관에 있다. 아침에 우리는 학교에 있었다.

3 코스타스와 조이는 항상 지하철로 출근을 한다. 어제는 승용차로 출근을 해서 늦었다.

4 포티스와 포니티는 타베르나에 있다. 3시간 전에 (그들은) 박물관에 있었다.

5 (여기는) 지금 다세대 주택이다. 작년에는 공원이었다.

6 요안나는 휴가에 보통 베리아에 있는 고향에 간다. 작년에는 휴가를 안 갔다.

7 당신은 지금 아테네에 있어요. 한 달 전에 당신은 어디에 있었나요?

3

1	είχε	2	είχα
3	ήταν	4	είχα
5	ήταν		

해석

1 옛날 우리집에는 커다란 발코니가 있었다.

2 작년에 수업이 많았다.

3 미대륙의 첫 거주인은 누구였을까요?

4 오늘 아침에 두통이 있었다.

5 어제 답사/현장학습에 몇 명이 있었어요?

4

1	ζ	2	η	3	στ
4	α	5	β	6	ια
7	ε	8	ι	9	γ
10	δ	11	θ		

5

1	δ	2	ι	3	γ
4	β	5	ζ	6	α
7	θ	8	ε	9	στ
10	η				

해석

1 아침에 뭐 먹었어?

– 꿀을 곁들인 요구르트를 약간 먹었어.

2 커피 마셨어요?

– 아니요, 오늘 (커피) 안 마셨어요.

3 (그들은) 그 섬에서 뭘 샀어요?

– (그들은) 친구들을 위한 선물을 샀어요.

4 아이들이 그 섬에서 왔나요?

– 네, 어제 저녁 늦게 왔어요.

5 (당신들은) 무슨 영화를 봤나요?

– (우리는) 프랑스 코미디 영화를 봤어요.

6 (당신들은) 어제 저녁에 어디 갔었나요?

– (우리는) 영화를 보러 갔어요.

7 어제 점심에 뭘 드셨나요?

– (우리는) 돼지고기 스테이크와 감자, 샐러드를 먹었어요.

8 영화를 본 후에 뭐 하셨어요?

– 아무것도 안 했어요. 집에 왔어요.

9 그 여성분은 무엇을 원하셨나요?

– (그녀가) 무엇을 원했는지 이해하지 못했어요.

10 어제 누가 당신과 함께 있었나요?

– 야니스와 요안나랑 함께 있었어요.

1

1	άργησες	2	ξύπνησες
3	τηλεφώνησες	4	Περάσατε
5	κάλεσες	6	μπόρεσα, χάλασε
7	έζησε	8	φόρεσαν
9	ήρθες	10	κοιμήθηκες
11	καθίσατε	12	φοβήθηκε

해석

1 왜 늦었어? / 왜 지각했어?

2 아침 몇 시에 일어났어?

3 간밤에 누구에게 전화를 걸었어?

4 너희들 할키디키에서 주말을 잘 보냈니?

5 소피아, 네 파티에 누구를 불렀어?

6 내 차가 고장나서 나는 올 수 없었어.

7 네 여자형제(언니/누나/여동생)는 한국에서 몇 년 살았어?

8 네 친구들은 무엇을 입었어?

9 요르고, 왜 수업에 오지 않았어?

10 오레스티, 어제 저녁에 몇 시에 잤어?

11 얘들아, 어제 콘서트에서 어디에 앉았어?

12 아기는 매우 두려워한다.

2

Τον επόμενο χειμώνα θα κάνω(→ έκανα) ένα ταξίδι στη Γαλλία, στο Παρίσι, με μια φίλη μου. Ο άντρας μου δεν θα έρθει(→ ήρθε) μαζί μας, γιατί θα μείνει(→ έμεινε) με τα παιδιά. Θα ταξιδέψουμε με(→ Ταξιδέψαμε) το αεροπλάνο και θα φτάσουμε(→ φτάσαμε) μέσα σε τρεις ώρες περίπου. Στο αεροδρόμιο θα μας περιμένει(→ περίμενε) η παλιά μας συγκάτοικος, που μένει εκεί. Η φίλη μου κι εγώ θα μείνουμε(→ μείναμε) στο σπίτι της. Θα μιλήσουμε(→ Μιλήσαμε) ξανά γαλλικά, ύστερα από πολλά χρόνια, θα περπατήσουμε (→ περπατήσαμε) στην πόλη, θα πάμε (→ πήγαμε) σε μουσεία και φυσικά θα πιούμε (→ ήπιαμε) γαλλικό κρασί. Θα περάσουμε (→ Περάσαμε) υπέροχα!

해석

다음 겨울에 나는 친구와 함께 프랑스 파리로 여행을 갈 것이다. 내 남편은 우리와 같이 가지 못하는데, 아이들과 함께 있어야 하기 때문이다. 우리는 비행기를 타고 세 시간 정도 걸려 (파리에) 도착할 것이다. 공항에서 파리에 살고 있는 우리의 옛 룸메이트가 우리를 기다릴 것이다. 나와 내 친구는 그녀의 집에 머물 것이다. 우리는 오랜만에 다시 불어로 대화를 나누고 파리의 거리를 걸을 것이다. 박물관에도 가고 당연히 프랑스 와인도 마실 것이다. 우리는 매우 즐겁게 보낼 것이다!

3

1	ξύπνησε	2	χτύπησε
3	Φόρεσε	4	τηλεφώνησε
5	ήταν	6	Πήρε
7	βγήκε	8	Έψαξε
9	πέρασε	10	Κοίταξε
11	Περπάτησε	12	ήταν

해석

어제 다프니는 늦게 일어났습니다. 왜냐하면 알람이 울리지 않았기 때문입니다. 서둘러 바지와 스웨터를 입고 사무실에 조금 늦겠다고 말하기 위해 전화를 걸었습니다. 아무도 전화를 받지 않았습니다. 다프니는 가방을 들고 밖으로 나왔습니다. 택시를 타려고 했지만 한 대도 지나가지 않았습니다. 이상하다고 생각했습니다. 시계를 보니 9시 45분이었습니다. 다프니는 버스 정류장까지 걸었습니다. 길은 비어 있었습니다. 그때야 깨달았습니다... 일요일이었던 것이죠!

4

1	ξύπνησε	2	έπλυνε
3	έφτιαξε	4	ήπιε
5	έφυγε	6	έφτασε
7	μπήκε	8	χαιρέτησε
9	κάθισε	10	άρχισε
11	σταμάτησε	12	έκανε

해석

스텔리오스는 오늘 아침 6시 30분에 일어났다. 세수를 하고 아침식사를 만들고 커피를 마셨다. 7시 30분에 집에서 나왔다. 8시 15분에 직장에 도착했고 사무실에 들어가서 동료

들에게 인사를 했다. 그 후에 자신의 자리에 앉아 업무를 시작했다. 오후 1시에 잠시 일을 멈추고 점심을 먹기 위해 쉬는 시간을 가졌다.

🏛 ΜΑΘΗΜΑ 16

❶

1	κάτω	2	απέναντι
3	δίπλα	4	μακριά
5	κοντά	6	ανάμεσα
7	μέσα	8	πάνω

해석
1 이로디온과 디오니소스 극장은 아크로폴리스 아래에 있다.
2 아탈로스의 스토아는 고대 아고라 맞은편에 있다.
3 제우스 신전 기둥들은 아드리아누의 개선문 옆에 있다.
4 공항은 시내에서 멀다.
5 모나스티라키는 플라카와 가깝다.
6 플라카는 신타그마 역과 아크로폴리스 역 사이에 있다.
7 아크로폴리스의 보물들은 박물관 (안)에 있다.
8 파르테논 신전은 아크로폴리스 바위언덕 위에 있다.

❷

1	από το	2	από το
3	στο	4	από το
5	από την	6	στην
7	στο		

❸

1	Κάτω από	2	Πάνω στο
3	Δίπλα στο	4	Μπροστά από
5	Πάνω στο		

❹

1 κάτω από
2 μακριά από
3 πάνω στο
4 πάνω από
5 μέσα στην

🏛 ΜΑΘΗΜΑ 17

❶

1	Αποφάσισε	2	Βρες
3	Μάθε	4	Φτιάξε
5	Γράψε	6	Στείλε
7	Τηλεφώνησε, δες	8	προσπάθησε

❷

1	μη δείτε	2	πάρε
3	βγάλτε	4	Κλείσε
5	Κλείδωσε	6	Έλα
7	Καθίστε	8	Πήγαινε
9	Μην πας		

해석
1 얘들아, 늦게까지 텔레비전을 보지 말도록 해!
2 소피아, 당장 구급차를 불러, 할머니가 위독하셔!
3 얘들아(여성 복수), 오후에 개를 산책시키렴!
4 나가기 전에 창문을 닫으렴!
5 해가 지면 문을 잠그도록 해!
6 저녁에 우리집에 들러, 내가 맥주 대접할게!
7 환자분, 앉으세요. 의사선생님께서 곧 진찰하실 거예요.
8 집에 당장 들어가! 감기 걸려!
9 일하러 가지 마!

❸

1	τα	2	τους
3	τις	4	τα

❹

1 Ψάξε στις μικρές αγγελίες.
2 Μάθε αγγλικά. / Να μάθεις.
3 Βρες μια άλλη δουλειά.
4 Ρωτήστε τον διευθυντή.
5 Φόρεσε τα καλά σου ρούχα.
6 Τηλεφώνησε και ρώτα.

❺

1 Μην ανοίξετε τα παράθυρα!
2 Πάρε ομπρέλα!
3 Φόρεσε ζεστά ρούχα!

4 Ανάψτε το κλιματιστικό!

5 Βάλε καπέλο!

6 Μην ξεχάσεις το παλτό σου!

6

1 Ναι, τον ξέρω. /
  Όχι, δεν τον ξέρω.

2 Ναι, τις αγόρασα. /
  Όχι, δεν τις αγόρασα.

3 Ναι, τα έδωσα. /
  Όχι, δεν τα έδωσα.

4 Ναι, τους έφερα. /
  Όχι, δεν τους έφερα.

5 Ναι, την έγραψα. /
  Όχι, δεν την έγραψα.

6 Ναι, το ήπια. /
  Όχι, δεν το ήπια.

7 Ναι, τον έφαγα. /
  Όχι, δεν τον έφαγα.

8 Ναι, την έφτιαξα. /
  Όχι, δεν την έφτιαξα.

9 Ναι, την είπα. /
  Όχι, δεν την είπα.

10 Ναι, τα βρήκα. /
  Όχι, δεν τα βρήκα.

🏛 **ΜΑΘΗΜΑ 18**

1

1 πολλούς		2 πολλή	
3 πολύ		4 πολλά, πολύ	
5 πολύς		6 Πολλοί	
7 Πολλή		8 πολύ	

2

1 δ		2 ε		3 α	
4 γ		5 β			

3

1 (β)		2 (γ)		3 (β)	

---

4 (α)		5 (γ)		6 (α)	
7 (α)		8 (β)			

4

1 πιο πολύ/περισσότερα

2 πιο κακός/χειρότερος

3 πιο καλές/καλύτερες

4 πιο μεγάλο/μεγαλύτερο

5 πιο μεγάλη/μεγαλύτερη

5

1 코를 잡으세요.

2 입을 잡으세요.

3 등을 잡으세요.

4 다리를 잡으세요.

5 배를 잡으세요.

6 손을 잡으세요.

🏛 **ΜΑΘΗΜΑ 19**

1

1 λίγο, καλά		2 δυνατά	
3 γρήγορα		4 ψηλά	
5 προσεκτικά			

해석

1 (그 사람은) 적게 공부하지만 모든 수업에서 좋은 성적을 받을 것이다.

2 (그 사람은) 화가 나면 소리를 크게 지른다.

3 우리는 여기서 빨리 떠나야만 한다.

4 비행기가 도시 위로 높게 난다.

5 너는 정말 조심스럽게 운전하는구나!

2

1 ήσυχα (ήσυχος/η/ο 조용한)

2 γρήγορα (γρήγορος/η/ο 빠른)

3 αριστερά (αριστερός/ή/ό 왼쪽의)

4 άσχημα (άσχημος/η/ο 나쁜, 못생긴)

5 καταπληκτικά (καταπληκτικός/ή/ό 환상적인)

1 우리는 시골로 휴가를 갈 거야. 거기는 조용해.

2 우리는 아테네에 일찍 도착할 거야. 아르기리스는 운전을 빨리 해.

3 A: 호텔이 가까이에 있나요?

　B: 네, 왼쪽으로 꺾으면 보일 거예요.

4 산토리니에서 친구에게 줄 기념품을 못 샀어. 기분이 좋지 않아(미안한 마음이야)!

5 우리는 한국으로 휴가를 갔어. 환상적으로 보냈어!

3

1 πιο προσεκτικά

2 πιο λίγο = λιγότερα

3 πιο συχνά

4 πιο αργά

5 πιο ψηλά

1 나는 더 조심스럽게 운전한다.

2 디미트리스는 더 적게 먹는다.

3 야니스는 쇼핑을 더 자주 간다.

4 배가 더 느리게 간다.

5 비행기들이 더 높이 난다.

4

1 γ	2 α	3 β
4 ε	5 δ	

1 어느 지역으로 갈지 결정하셨나요?

　– 네. 우리는 케르키라에 갈 거예요.

2 이 여행사의 패키지는 뭘 포함하나요?

　– 기차표와 호텔 1박입니다.

3 이 패키지가 얼마인지 말씀해주시겠어요?

　– 100유로입니다.

4 기차는 언제 출발하나요?

　– 오전 9시에 (출발합니다).

5 그 여행은 몇 시간이나 걸리나요?

　– 3시간 걸립니다.

ΜΑΘΗΜΑ 20

1

1 την	2 τον	3 το
4 τις	5 τους	6 τα

1 너는 엘레니를 아니?

　– 응, 나는 그녀(엘레니)를 알아.

2 너는 커피를 만들었니?

　– 아니, 그것(커피)을 안 만들었어.

3 너는 편지를 쓰고 있어?

　– 응, 그것(편지)을 쓰고 있어.

4 너는 짐 가방을 꾸렸니?

　– 아니, 그것들(짐 가방)을 안 꾸렸어.

5 너는 요르고(스)와 페트로(스)를 아니?

　– 응, 나는 그들(요르고스, 페트로스)을 알아.

6 너는 열쇠를 가지고 왔니?

　– 응, 그것들(열쇠)을 가지고 왔어.

2

1 σ'εσένα	2 σ'αυτήν
3 σ'αυτόν	4 σ'εσένα
5 σ'εμάς	6 σ'εσάς
7 σ'εσένα	8 σ'αυτούς

1 할머니께서 너에게 많은 것을 가르쳐주신다.

2 그녀에게 책 한 권을 사줬다.

3 그에게서 (그의) 사전을 잠깐 동안 가져왔다.

4 나는 너에게 오늘 집에 머물라고 부탁한다.

5 그들은 우리에게 많은 돈을 보냈다.

6 나는 부엌 식탁 위에 너희에게 보내는 메모를 남겼다.

7 옷들을 너의 짐 가방에 넣었어. (너의 가방에 넣었다는 의미)

8 그들에게 좋은 한 해가 되길 바랍니다.

3

1 Ναι, τους τις έδειξα. /

Όχι, δεν τους τις έδειξα.

2 Ναι, τους το έδωσα. /
Όχι, δεν τους το έδωσα.

3 Ναι, σου τη δίνω. /
Όχι, δεν σου τη δίνω.

4 Ναι, του τα αγόρασα. /
Όχι, δεν του τα αγόρασα.

5 Ναι, της το χάρισα. /
Όχι, δεν της το χάρισα.

6 Ναι, της το είπα. /
Όχι, δεν της το είπα.

7 Ναι, της το είπα. /
Όχι, δεν της το είπα.

8 Ναι, τους τα έδειξα. /
Όχι, δεν τους τα έδειξα.

[해석]

1 (너는) 아이들에게 사진들을 보여줬어?

2 (너는) 부모님께 편지를 드렸어?

3 나에게 신문 좀 줄래?

4 (너의) 아이에게 그 책들을 사줬어?

5 언니/누나/여동생에게 그 선물을 줬어?

6 너희 어머니께 내일 학교가 닫는다고 말씀드렸니?

7 네 (여자)친구에게 파티에 안 간다고 말했어?

8 아이들에게 그 신발을 보여줬어?

4 *밑줄 친 부분의 단어는 자유롭게 작성합니다.

1 Μου αρέσει η φράουλα.

2 Μου λείπει η οικογένειά μου.

3 Μου πάει το καπέλο.

4 Μου χρειάζεται ένα βιβλίο.

5

1 ότι	**2** ότι
3 ό,τι	**4** ό,τι
5 ότι	

[해석]

1 우리 생각에는 네가 마리아에게 전화를 걸어야 할 것
같아. (의견)

2 나는 네가 도움을 원하는 걸 이해해. 하지만 내가 뭘 할
수 있을까?

3 마리아, 오늘 원하는 만큼 마셔! 네 생일이잖아. 내가 살게!

4 A: 차에다가 설탕이나 꿀을 넣어줄까?
B: 마음대로 해. 난 상관없어.

5 나는 열이 나는 것 같아. 몸이 좋지 않아.

231

출판사, 저자, 강사, 독자가 공존하기 위한 문예림 정책

평등한 기회와 공정한 정책으로
올바른 출판문화를 이끌도록 하겠습니다.

저 자

1 도서의 판매부수에 따라 인세를 정산하지 않습니다.

우리는 도서 판매여부와 관계없이 초판, 증쇄 발행 후 30일 이내 일괄 지급합니다. 보다 좋은 콘텐츠 연구에 집중해주십시오. 판매보고는 반기별로, 중쇄 계획은 인쇄 60일 전 안내합니다.

2 도서 계약은 매절로 진행하지 않습니다.

매절계약은 불합리한 계약방식입니다. 이러한 방식은 저자들의 집필 의욕을 저해시키며, 결국에는 생존력 짧은 도서로 전락하고 맙니다.

3 판매량을 기준으로 절판하지 않습니다.

판매량에 따라 지속 판매 여부를 결정하지 않으며 전문성, 영속성, 희소성을 기준으로 합니다.

강 사

1 동영상강의 콘텐츠 계약은 매절로 진행하지 않습니다.

우리는 강사님의 소중한 강의를 일괄 취득하는 행위는 하지 않으며, 반기별 판매보고 후 정산합니다.

2 유료 동영상강의 인세는 콘텐츠 순 매출액의 20%를 지급합니다.(자사 사이트 기준)

우리는 가르침의 의미를 소중히 알며, 강사와 공존을 위하여 업계 최고 조건으로 진행합니다.

3 판매량에 따라 동영상강의 서비스를 중단하지 않습니다.

판매량에 따라 서비스 제공 여부를 결정하지 않으며 지속가능한 의미가 있다면 유지합니다. 전문성, 영속성, 희소성을 기준으로 합니다.

독자 및 학습자

1 도서는 제작부수에 따라 정가를 정합니다.

적절한 정가는 저자가 지속적인 연구할 수 있는 기반이 되며, 이를 통해 독자와 학습자에게 전문성 있는 다양한 콘텐츠로 보답할 것입니다.

2 도서 관련 음원(MP3)은 회원가입 없이 무료제공됩니다.

원어민 음원은 어학학습에 반드시 필요한 부분으로 아무런 제약 없이 자유롭게 제공합니다. 회원가입을 하시면 보다 많은 서비스와 정보를 얻으실 수 있습니다.

3 모든 콘텐츠는 책을 기반으로 합니다.

우리의 모든 콘텐츠는 책에서부터 시작합니다. 필요한 언어를 보다 다양한 콘텐츠로 제공하도록 하겠습니다.